Sozialarbeitswissenschaftliche Forschung

W0194823

Silke Birgitta Gahleitner • Susanne Gerull •
Chris Lange • Lydia Schambach-Hardtke •
Begoña Petuya Ituarte • Claudia Streblow
(Hrsg.)

Sozialarbeitswissenschaftliche Forschung

Einblicke in aktuelle Themen

Budrich UniPress Ltd.
Opladen & Farmington Hills 2008

Bibliografische Informationen der Deutschen Nationalbibliothek
Die Deutsche Nationalbibliothek verzeichnet diese Publikation in der Deutschen
Nationalbibliografie; detaillierte bibliografische Daten sind im Internet über
http://dnb.d-nb.de abrufbar.

Gedruckt auf säurefreiem und alterungsbeständigem Papier.

© 2008 Budrich UniPress, Opladen & Farmington Hills
www.budrich-unipress.de

ISBN   978-3-940755-15-5

Umschlaggestaltung: disegno visuelle kommunikation, Wuppertal – www.disenjo.de
Lektorat und Satz: Susanne Rosenkranz, Leverkusen
Druck: Books on Demand, Norderstedt
Printed in Europe

Inhaltsverzeichnis

Christine Labonté-Roset

Vorwort

I n diesem Band finden sich 14 Dissertations-Resümees von Frauen. Alle diese Dissertationen sind im Rahmen oder im Zusammenhang mit dem seit 1992 existierenden ASFH-Promotionskolleg für Frauen entstanden, viele davon auch unterstützt durch ein Alice-Salomon-Promotionsstipendium.

Dieses Buch ist den Hochschullehrerinnen Dagmar Schultz, Birgit Rommelspacher und Hilde von Balluseck gewidmet, denen der außerordentliche Verdienst zukommt, dieses erste Promotionskolleg an einer Fachhochschule geschaffen, betreut und ausgebaut zu haben. Sie haben sich auch intensiv für die Schaffung der Promotionsstipendien für Frauen eingesetzt haben, sie erreichten zu Beginn, dass dies vom Bundesministerium für Bildung und Wissenschaft finanziell unterstützt und damit die Möglichkeit geschaffen wurde, Forschungs-methoden-Seminare anzubieten.

1996 wurde in diesem Rahmen die erste Tagung in Deutschland zur Promotion von Fachhochschulabsolventen/innen veranstaltet, auf der auch die Doktor-„Väter und Mütter" der Universitäten zu Wort kamen. Und diese waren des Lobes voll über diese ,neuen' Promovenden/innen. Sie betonten, dass die FH-Absolventinnen ein ganz neues Element einbrächten, nämlich den Bezug auf die Berufspraxis.

Dies beruhte vor allem darauf, dass für das ASFH-Promotionskolleg, wie für die Alice-Salomon-Promotionsstipendien, Berufserfahrung eine Voraussetzung war. Nicht die „glatte" akademische Karriere – nach Abschluss des Studiums gleich weiter zu studieren, zu promovieren – wurde unterstützt. Wir wollten Frauen anziehen, die in den Berufen im Sozial- und Gesundheitsbereich, heute auch Erziehungsbereich, für die sie ausgebildet wurden, vielfältige Erfahrungen, vielleicht auch Karriere gemacht hatten. Und zwar vor allem deshalb, weil wir mit der Ermöglichung der Promotion auch den eigenen wissenschaftlichen Nachwuchs fördern und verstärken wollten. Denn für eine Professur an einer Fachhochschule ist eben gerade die Verbindung von Theorie und Praxis, wie sie für diesen Hochschultypus fundamental ist, grundlegende Bedingung.

Allen Beteiligten war dabei klar, dass diese Frauen wieder an die Wissenschaft und ihre Methoden herangeführt und intensiv betreut werden mussten, und die schon genannten Kolleginnen waren dazu bereit, obwohl dies für sie erhebliche Mehrbelastungen darstellte.

Mein außerordentlicher Dank gilt also ihnen, wobei ich nicht im Einzelnen ihre jeweiligen besonderen Verdienste hervorheben möchte, obwohl Dagmar Schultz vor allem die Einrichtung und Finanzierung des Kollegs und der Tagung vorantrieb, Birgit Rommelspacher eine besonders hohe Zahl von Promovendinnen betreute und noch betreut und bis vor kurzem Vorsitzende der Kommission des Berliner Programms zur Förderung der Chancengleichheit für Frauen war und Hilde von Balluseck diese Mehrbelastung auf sich nahm, obwohl sie schon durch die Entwicklung und Leitung des ersten Studienganges für Erzieher/innen in Deutschland mehr als ausgelastet war.

Ich denke, zu dem außerordentlichen Erfolg des Kollegs und des Stipendiatinnen-Programms hat gerade ihre Zusammenarbeit (einschließlich der Zusammenarbeit mit den jeweiligen Frauenbeauftragten der ASFH) und ihr nimmermüdes Einsetzen dafür geführt. Wenn heute bereits vier Absolventinnen des Kollegs Hochschullehrerinnen sind und damit der gewünschte Effekt der Ausbildung des eigenen wissenschaftlichen Nachwuchses, einschließlich der Erhöhung des Anteils von Frauen an Professuren, deutlich belegt wird, so kam dies nicht automatisch. Dazu gehörte ein Einsatz unserer Kolleginnen, der weit über die übliche Promotionsbetreuung hinausging. Dazu gehörte ihr eigenes Vorbild, ihre Vermittlung von Publikations- und Lehrmöglichkeiten ebenso wie ihr politisches Engagement weit über unsere Hochschule hinaus.

Ich freue mich, dass dieses Buch ihnen gewidmet ist, zeigt es doch, dass auch und gerade die Doktorandinnen diesen Einsatz zu schätzen wissen.

Ich hoffe, dass unsere Hochschule noch lange in der Lage sein wird, das Promotionskolleg und das Stipendiatinnenprogramm fortzuführen, um weiteren Frauen eine wissenschaftliche Karriere zu ermöglichen. Wenn wir uns den Prozentsatz von Frauen in Professuren in Deutschland ansehen, ist dies wohl noch für lange Zeit notwendig.

Heike Brand

Die Herausbildung des professionellen Selbst in der Sozialen Arbeit

1 Einleitung

Die folgende Abhandlung bezieht sich auf ein laufendes Promotionsprojekt. Aufgrund dessen werden keine Endergebnisse, sondern Zwischenergebnisse dargestellt. Ich werde auf den theoretischen Rahmen, die Fragestellung, methodologische bzw. methodische Grundlagen sowie vorläufige Resultate der Forschungsarbeit eingehen und abschließend einen Ausblick auf weitere Arbeitsschritte geben. Bezüglich der Forschungsergebnisse ist festzuhalten, dass die Ressourcen der Datenanalyse und allmählichen Theoretisierung kontinuierlich arbeitende Interpretationsgruppen sind. Es handelt sich dabei vor allem um wissenschaftliche Kontexte in Magdeburg.

2 Theoretischer Rahmen

Die sich im Rahmen der Transformation gesellschaftlicher Strukturen vollziehende Individualisierung von Lebensformen konfrontiert den Einzelnen mit der Anforderung, die vormals „sozial vorgegebene" als eigenständig „herzustellende Biografie" zu reflektieren (Beck 1996, S. 216). Damit eröffnen sich dem Individuum nicht nur Chancen (Beck 1996, S. 217), sondern auch Risiken aufgrund permanent zu erbringender Orientierungs- und Reflexionsleistungen (Brose/Hildebrand zit. in Marotzki 1990, S. 24). Professionelle der Sozialen Arbeit sind in diese Thematik meines Erachtens in zweifacher Weise involviert. Zum einen hinsichtlich ihrer eigenen Biografie und zum anderen aufgrund des Mandats, Personen zu assistieren, die bezüglich individueller Sinnbildungsprozesse an Grenzen stoßen bzw. deren Modi der

Bedeutungsherstellung – trotz der Pluralisierung individueller Lebensentwürfe – mit gesellschaftlichen Vorstellungen kollidieren.

Auch in professionalisierungstheoretischen Überlegungen,[1] in denen eine Rekonstruktion der Logik professionellen Handelns Sozialer Arbeit vorgenommen wird, finden die Auswirkungen gesellschaftlicher Modernisierungsprozesse Beachtung (Helsper/Krüger/Rabe-Kleberg 2000, S. 8). Im Zusammenhang damit werden Vagheiten, Antinomien und Paradoxien als zentrale Strukturelemente professionellen Handelns rekonstruiert. Der systemtheoretische Ansatz rekurriert diesbezüglich auf ein Technologiedefizit, das Ungewissheitshorizonte generiert (Kurtz 2002, S. 56); strukturtheoretische Überlegungen konzeptuieren eine widersprüchliche Einheit des stellvertretenden Deutens sowie inkompatible Strukturlogiken (Oevermann 2002), und symbolisch-interaktionistische Analysen verweisen auf konstitutive Paradoxien (Schütze 2000).

In dieser Arbeit geht es jedoch nicht um die Frage, ob eine Professionalisierung Sozialer Arbeit möglich ist, bereits stattgefunden hat oder strukturell bedingt ausbleiben muss.[2] Mit diesem Forschungsprojekt sollen die Perspektiven der Professionellen fokussiert und damit individuelle Professionalisierungsprozesse in den Blick genommen werden.

3 Fragestellung

Es geht also um die Analyse dessen, wie Professionelle der Sozialen Arbeit, angesichts der Vielzahl von Handlungsproblemen, Kernproblemen und konstitutiven Paradoxien (Schütze 2000), vor dem Hintergrund ihres biografischen Gewordenseins ein *professionelles Selbst* herausbilden. Zur vorläufigen Konzeptuierung des Begriffes professionelles Selbst rekurriere ich auf Modelle professionellen Lehrerhandelns. Bauer (1998) führt in diesem Kontext den Begriff des professio-

---

1 Ich verwende in diesem Zusammenhang bewusst den Begriff professionalisierungstheoretisch, da im Rahmen der Ansätze z.T. explizit die potenzielle Professionalisierbarkeit der Sozialen Arbeit diskutiert wird (Schütze 1992, S. 132 oder Oevermann 2002, S. 21).

2 Mit meiner Verortung innerhalb der interaktionistischen Professionalisierungsforschung positioniere ich mich diesbezüglich jedoch klar.

nellen Selbst als ein Element von Professionalität, neben dem des Handlungsrepertoires, ein. Im Anschluss an Csikszentmihalyi definiert er das professionelle Selbst als „ein überdauerndes organisierendes Zentrum, dessen Kern Werte und Ziele darstellen" (Csikszentmihalyi zit. in Bauer 1998, S. 352) und weiter als das Bewusstsein über die eigene unvollkommene Professionalität und die diesbezüglich bestehende Entwicklungsaufgabe (Bauer 1998, S. 343).

Helsper (2002) fokussiert in seinem strukturtheoretischen Modell professionellen Lehrerhandelns die *Entwicklung des professionellen Selbst*. Er integriert Bauers Überlegungen in ein von ihm entworfenes Modell der (Modernisierungs-)Antinomien, Widersprüche, Handlungsdilemmata und -ambivalenzen (Helsper 2002, S. 75). Die Herausbildung des professionellen Selbst beschreibt er als eine Transformation des sozialisatorisch erworbenen Selbst (i.S. eines „biografischen Selbst", H.B.) im Rahmen von Bildungsprozessen, in welchen biografisch erworbene Sinnbildungs- und Orientierungsmuster in pädagogisch-professionelle überführt werden und reflexiv zur eigenen Positionierung im Spannungsfeld der Antinomien Stellung genommen wird (Helsper 2002, S. 94). In Anlehnung an die Überlegungen Csikszentmihalyis, Bauers und Helspers formuliere ich meine forschungsleitende Fragestellung folgendermaßen: Wie vollziehen sich die (Neu)Konstituierungen des professionellen Selbst in der Sozialen Arbeit vor dem Hintergrund der Biografie?

4 Methodologische und methodische Grundlagen

Da ich das vorgestellte Phänomen nicht anhand hypothesenprüfender bzw. standardisierter Verfahren thematisieren kann und möchte, erscheint mir der Ansatz der qualitativen Sozialforschung am geeignetsten. Dieser erhebt den Anspruch, „Lebenswelten ‚von innen heraus' ((..)) zu beschreiben" (Flick/von Kardorff/Steinke 2000, S. 14). Damit eröffnet sich die Möglichkeit, die individuellen Perspektiven der Professionellen in den Fokus zu rücken. Das gewählte Vorgehen entspricht der von Glaser und Strauss (1998) entwickelten *Forschungslogik* und den grundlegenden Verfahren der Grounded Theory, die an methodologische Überlegungen des interpretativen Paradigmas (Marotzki 1995, S. 56) anknüpfen.

Gemäß dem *Theoretical Sampling* erfolgt die Fallauswahl während des Forschungsprozesses auf Basis des jeweils erreichten Kenntnisstandes über minimale bzw. maximale Kontrastierungen (Flick 2000, S. 262), bis eine theoretische Sättigung erreicht ist (Strauss/Corbin 1996, S. 165).

Ich habe mich für die *Erhebungsmethode* des autobiografisch-narrativen Interviews entschieden. Diese Form des offenen Interviews eröffnet den Interviewten die Möglichkeit, durch aktualisierte Erlebnisströme in generierten Stegreiferzählungen komplexe Erfahrungszusammenhänge und Ereignisabläufe der Biografie und Berufsbiografie zu vergegenwärtigen (Glinka 1998, S. 9). Das aktuelle Sample setzt sich aus 13 drei- bis achtstündigen Interviews mit weiblichen und männlichen Professionellen im Alter von 25 bis 53 Jahren zusammen.

Hinsichtlich der *Datenauswertung* habe ich mich für eine Kombination von Auswertungsverfahren entschieden. Nach der Rekonstruktion der Fälle über die Segmentierung, die strukturelle Beschreibung und die Formulierung der biografischen Gesamtformung in Anlehnung an die Narrationsanalyse nach Schütze (u.a. 1983) geht es in der weiteren analytischen Abstraktion um die Strukturierung der Phänomene, die ich in Anlehnung an das von Strauss und Corbin vorgeschlagene Kodierverfahren durchführe. Diese Verknüpfung der Auswertungsverfahren, die beide der Logik der Grounded Theory entsprechen, hat zum einen den Vorteil, dass über die narrationsstrukturelle Auswertung dem Prozesscharakter, d.h. dem Aspekt der Entwicklung bzw. Herausbildung des professionellen Selbst, Rechnung getragen werden kann. Zum anderen erfährt die weitere Abstrahierung und Systematisierung generierter Phänomene durch das Kodierverfahren nach Strauss und Corbin meines Erachtens eine klarere Strukturierung.

5 Zwischenergebnisse

Im Zusammenhang mit der Darstellung von Resultaten ist zu betonen, dass auch die reflektierte Wahl der Erhebungs- und Auswertungsmethode sowie die Fokussierung der Fragestellung im Laufe des Forschungsprozesses (z.T. mühsam erarbeitete) Ergebnisse darstellen. Ich möchte in diesem Abschnitt jedoch ausschließlich empirische Zwischenergebnisse andeuten. Um die Plausibilität der Kategoriengenese und die Transparenz des methodischen Vorgehens zu gewährleisten, stelle ich exemplarisch Kategorien vor, die auf Basis eines Falles generiert wurden. Ich unterscheide dabei zwischen Phänomenen, die eine große Nähe zum Datenmaterial aufweisen (*beschreibende Kategorien*) und Konzepten, die auf einer höheren Abstraktionsebene zu verorten sind (*strukturierende Kategorien*).[3]

5.1 Beschreibende Kategorien

Eine beschreibende Kategorie, die in dem ausgewählten Interview durch die Ausführungen des Erzählers einen zentralen Stellenwert erhält, ist die Kategorie *Geschlecht*.[4] Dieses durch die Benennung zunächst nur vage angedeutete Phänomen erhält zwar erst auf der Abstraktionsebene der strukturierenden Kategorien eine klare Kontur, ist aber auch schon auf dieser Analyseebene näher zu bestimmen. Zum einen wird die Thematik des biologischen Geschlechts von sämtlichen anderen männlichen Interviewpartnern nicht expliziert, zum anderen verhandelt der Interviewpartner diese Kategorie innerhalb verschiedener Kontexte, bspw. in Bezug auf seine Primär- und Sekundärsozialisation:

„((..)) na gut, als Kind hab ich schon gemerkt: „Äh, Du hätt'st n Mädchen werden soll'n, Du bist als Junge zu sensibel.", (.) hab auch nicht die typischen Jungsspiele gemacht, ((..)) <u>weil</u> meine Spielfreunde waren Mädchen." (829ff.)

Die vom Interviewpartner vorgenommene generalisierende Kontrastierung des männlichen und weiblichen Geschlechts kann als dichotome Konstruktion des Konzeptes biologisches Geschlecht bezeichnet werden:

---

3   Diese Differenzierung der Kategorienebenen entspricht dem offenen Kodieren nach Strauss/Corbin (1996) oder dem daran anschließenden Modell zur Datenauswertung nach Tiefel (2004).

4   Ich verwende die Begriffe biologisches, weibliches bzw. männliches Geschlecht an dieser Stelle ohne deren Reflexion im Rahmen aktueller Diskurse, sondern ausschließlich im Sinne einer Semantik, die die Rekonstruktion des empirischen Materials nahelegt.

„Also, mein Hauptfreundeskreis sind eben Mädchen und Frauen, weil ich einfach denke, dass äh man bessere Gespräche führen kann, ((..)) man kann och mal sensibel sein, mal n Problem erzählen, ohne dass der Freund gleich sagt: „Ej Alter, jetzt geh mer saufen. Komm, vergiss es, Weiber sind doof" oder so, weißte?" (70ff.)

Bezüglich des Konzeptes biologisches Geschlecht sind Eigenschaften (Kommunikationskompetenz, Sensibilität, Offenheit) und Dimensionen[5] (Grad der Ausprägung) zu rekonstruieren. Es erfolgt eine explizite Positivkonnotation des weiblichen Geschlechts und eine implizite Negativkonnotation des männlichen Geschlechts. Darüber hinaus verortet sich der Interviewpartner im von ihm vorgeschlagenen Modell des weiblichen Geschlechts, indem er sein Selbstbild als maximal kontrastierend zu dem von ihm entworfenen Konstrukt des männlichen Geschlechts präsentiert:

„und dann (im Rahmen der Entwicklung eines berufsbiografischen Entwurfs hinsichtlich Sozialer Arbeit, H.B.) fiel mir ein, dass ich ähm schon immer zum Quatschen auch gerne ausgewählt wurde so von Freunden oder so, ((..)) ja? Auf Disco war ich mehr draußen als drinne, weil immer irgendwie jemand über seine Probleme reden wollte und dass ich gut zuhören konnte, alles diese Dinge, ja? (259ff.)

Die Präferenz für das weibliche Geschlecht ist auch im professionellen Kontext relevant, wie folgende Ausführungen zu einem studienbegleitenden Praktikum in einer Justizvollzugsanstalt veranschaulichen:

„Die Chefin in der U-Haft, die war total korrekt, weil die hat mich machen lassen, wenn sie was Schlechtes gehört hat, hat se mich angehört ((..)) also ich hab mit/mit weiblichen Führungskräften wesentlich bessere Erfahrungen gemacht als mit männlichen Führungskräften, auch wieder weil unterschwellige emotionale Dinge ne Rolle spielen und weil Frauen ((..)) nich so diese Machtstrukturen haben, weißte?" (D1:02:15:07)

5.2 Strukturierende Kategorien

Wie im vorhergehenden Abschnitt durch die Ausführungen und Interviewausschnitte nur angedeutet werden konnte, kann die beschreibende Kategorie Geschlecht sowohl im biografischen als auch professionellen Kontext über die Gegensatzanordnung *„Identifikation* mit dem weiblichen Geschlecht" und *„Distanzierung* vom männlichen Ge-

---

5   Ich lehne mich hier an von Strauss/Corbin (1996, S. 43) vorgeschlagene Begrifflichkeiten an.

schlecht" näher bestimmt werden. Das heißt, der Kategorie Geschlecht liegt das Strukturmerkmal Identifikation vs. Distanzierung zugrunde. Diese Feststellung ist deshalb zentral, weil der Großteil der weiteren beschreibenden Phänomene dieses Falles ebenfalls über diese Kategorien strukturiert wird. Anzumerken ist, dass die derzeitige Beschreibung der Phänomene Distanzierung und Identifikation rein empirisch ist.[6]

Die erarbeitete Struktur der Kategorien möchte ich im Folgenden grafisch darstellen:

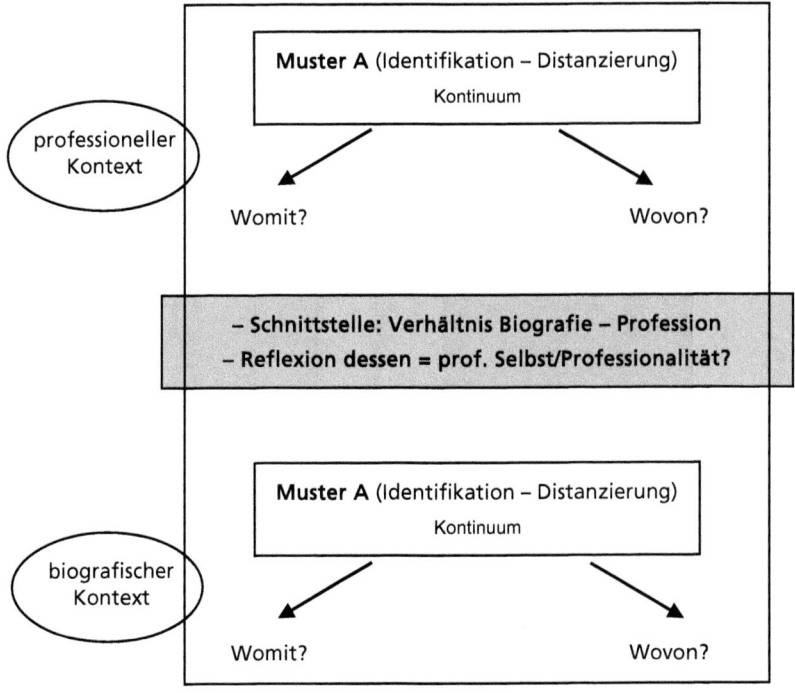

Muster A (Identifikation – Distanzierung)

Kontinuum

professioneller
Kontext

Womit?   Wovon?

– **Schnittstelle: Verhältnis Biografie – Profession**
– **Reflexion dessen = prof. Selbst/Professionalität?**

Muster A (Identifikation – Distanzierung)

Kontinuum

biografischer
Kontext

Womit?   Wovon?

---

6   Hinsichtlich der datenbasierten Definition der Kategorie Distanzierung kann zwischen der Dimension des Ausgrenzens (aktiv), Sich-Abgrenzens (aktiv) und des Ausgegrenztwerdens (passiv, Widerfahrnis) unterschieden werden. Bezüglich der strukturierenden Kategorie Identifikation wurde die Semantik des „Sich identifizieren mit" (aktiv) rekonstruiert. Eine weitere Dimension – analog der empirischen Definition der Kategorie Distanzierung – wurde über das Material bisher nicht rekonstruiert. Es handelt sich dabei um die theoretische Möglichkeit des „identifiziert werden als" (passiv).

Sinn- und Bedeutungsherstellung strukturieren sich im vorgestellten Fall über die Kategorien Distanzierung und Identifikation.[7] Dabei kann eine Differenzierung unterschiedlicher beschreibender Phänomene vorgenommen werden, hinsichtlich derer Distanz („Wovon?") und Identifikation hergestellt werden („Womit?"). Zentral ist die in der Abbildung grau unterlegte Schnittstelle der biografischen und professionellen Ebene, das heißt das Verhältnis des biografischen und professionellen Kontextes. Die bisherige Datenanalyse legt die Annahme nahe, dass das professionelle Selbst – entgegen der Darstellung in der Forschungsliteratur zum Forschungsgegenstand – nicht ausschließlich über eine Transformation biografischer Sinn- und Orientierungsmuster, sondern auch im Modus der Homologie biografischer und professioneller Muster generiert werden kann. Als diesbezüglich zentrales Element von Professionalität erscheint nicht ausschließlich das Verhältnis biografischer und professioneller Orientierungsmuster, sondern die Reflexion dieses Verhältnisses.

6 Ausblick

Wie bereits ausgeführt, ist das Dissertationsprojekt zum gegenwärtigen Zeitpunkt nicht abgeschlossen. Bezüglich der empirischen Arbeit steht zunächst die Generierung neuer Phänomene und die Präzisierung bzw. Strukturierung rekonstruierter Kategorien im Mittelpunkt. Hinsichtlich der weiteren Differenzierung des vorgestellten Modells hat die stärkere Berücksichtigung des Aspektes der *Entwicklung* des professionellen Selbst, das heißt die Integration des Verlaufsaspektes, der bereits über die Methode der Narrationsanalyse rekonstruiert wurde, zu erfolgen.

---

[7]   Obwohl die zwei strukturierenden Kategorien (Distanzierung, Identifikation) bei der Analyse des oben vorgestellten Falles unabhängig voneinander generiert wurden, ist hinsichtlich weiterer Fallrekonstruktionen davon auszugehen, dass sie nicht getrennt voneinander zu betrachten sind, sondern extreme Pole eines Kontinuums darstellen. In zentraler Position dieses Kontinuums konnte sich bspw. die Kategorie der „engagierten Rollendistanz" (Nagel 1997) befinden.

Literatur

Bauer, Karl-Oswald (1998): Pädagogisches Handlungsrepertoire und professionelles Selbst von Lehrerinnen und Lehrern. Zeitschrift für Pädagogik, 44 Jg. (3), S. 343-359.

Beck, Ulrich (1996): Risikogesellschaft. Auf dem Weg in eine andere Moderne. Frankfurt a.m.: Suhrkamp.

Flick, Uwe (2000): Design und Prozess qualitativer Forschung. In: Flick, Uwe/Kardorff, Ernst von/Steinke, Ines (Hg.): Qualitative Forschung. Ein Handbuch, S. 252-265. Reinbek bei Hamburg: Rowohlt.

Flick, Uwe/Kardorff, Ernst von/Steinke, Ines (2000): Was ist qualitative Forschung? Einleitung und Überblick. In: Flick, Uwe/Kardorff, Ernst von/Steinke, Ines (Hg.): Qualitative Forschung. Ein Handbuch, S. 13-29. Reinbek bei Hamburg: Rowohlt.

Glaser, Barney G./Strauss, Anselm L. (1998): *Grounded Theory. Strategien qualitativer Forschung*. Bern/Göttingen/Toronto/Seattle: Huber.

Glinka, Hans-Jürgen (1998): Das narrative Interview. Eine Einführung für Sozialpädagogen. Weinheim/München: Juventa.

Helsper, Werner (2002): Lehrerprofessionalität als antinomische Handlungsstruktur. In: Kraul, Margret/Marotzki, Winfried/Schweppe, Cornelia (Hg.), Biographie und Profession, S. 64-102. Bad Heilbrunn: Klinkhardt.

Helsper, Werner/Krüger, Heinz-Hermann/Rabe-Kleberg, Ursula (2000): Professionstheorie, Professions- und Biographieforschung – Einführung in den Themenschwerpunkt. ZBBS, (1/2000), S. 5-19.

Kurtz, Thomas (2002): Berufssoziologie. Bielefeld: Transcript.

Marotzki, Winfried (1990): Entwurf einer strukturalen Bildungstheorie. Biographietheoretische Auslegung von Bildungsprozessen in hochkomplexen Gesellschaften. Weinheim: Deutscher Studien Verlag.

Marotzki, Winfried (1995): Forschungsmethoden der erziehungswissenschaftlichen Biographieforschung. In: Krüger, Heinz-Hermann/Marotzki, Winfried (Hg.): Erziehungswissenschaftliche Biographieforschung (S. 55-89). Opladen: Leske + Budrich.

Nagel, Ulrike (1997): Engagierte Rollendistanz: Professionalität in biographischer Perspektive. Opladen: Leske + Budrich.

Oevermann, Ulrich (2002): Professionalisierungsbedürftigkeit und Professionalisiertheit pädagogischen Handelns. In: Kraul, Margret/Marotzki, Winfried/Schweppe, Cornelia (Hg.): Biographie und Profession, S. 19-63. Bad Heilbrunn: Klinkhardt.

Schütze, Fritz (1983): Biographieforschung und narratives Interview. Neue Praxis, (3/1983), S. 283-293.

Schütze, Fritz (1992): Sozialarbeit als „bescheidene" Profession. In: Dewe, Bernd/Ferchhoff, Wilfried/Radtke, Frank-Olaf (Hg.): Erziehen als Profession, S. 132-169. Opladen: Leske + Budrich.

Schütze, Fritz (2000): Schwierigkeiten bei der Arbeit und Paradoxien des professionellen Handelns. Ein grundlagentheoretischer Aufriß. ZBBS, (1/2000), S. 49-96.

Strauss, Anselm L./Corbin, Juliet (1996): Grounded Theory. Grundlagen Qualitativer Sozialforschung. Weinheim: Beltz, Psychologie Verlags Union.

Tiefel, Sandra (2004): Beratung und Reflexion. Eine qualitative Studie zu professionellem Beratungshandeln in der Moderne. Wiesbaden: VS Verlag.

Erika Feldhaus-Plumin

Psychosoziale Beratung im Kontext von Pränataldiagnostik

Zusammenfassung

Pränataldiagnostik mit Blick auf das ungeborene Kind ist Teil der routinemäßigen Schwangerenvorsorge geworden. Sie wird in der Dissertation als gezielte Suche nach Behinderungen und Erkrankungen verstanden, die zur vorgeburtlichen Selektion führen kann. Schwangere Frauen erhoffen sich von der Pränataldiagnostik „Sicherheit" für sich und ihr zukünftiges Kind, doch mit der Diagnostik und deren Bewertung verstärken sich die Ängste, Entscheidungssituationen werden zum Konflikt. Die psychosoziale und interdisziplinäre Beratungssituation kommt der rasanten Weiterentwicklung der pränatalen Diagnostik nicht nach.

Bisherige Forschung im Bereich der Versorgungs- und Beratungssituation schwangerer Frauen im Kontext pränataler Diagnostik geht eher von einem deduktiven Forschungsansatz aus und lässt die Bedürfnisse und Erwartungen der Frauen im Hinblick auf die Entwicklung von Beratungskriterien eher außen vor. In der vorliegenden empirischen Untersuchung liegt der Fokus auf den verschiedenen Perspektiven von Frauen und ExpertInnen sowie auf den Bedürfnissen und Erwartungen der Frauen in Bezug auf psychosoziale und interdisziplinäre Beratung. Am Beispiel Berlin wird die Versorgungs- und Beratungssituation der schwangeren Frauen qualitativ und quantitativ untersucht und kontrastierend dargestellt.

These ist, dass ein Ungleichgewicht zwischen dem stark in Anspruch genommenen medizinischen Versorgungsangebot und dem kaum bekannten psychosozialen Beratungsangebot besteht, obwohl die Frauen und Paare hohen Beratungsbedarf aufweisen.

Methodisches Vorgehen

Die vorliegende Dissertation zielt darauf ab, die Bedürfnisse der Frauen sowie die professionelle Einschätzung der Bedürfnissituation der Frauen durch die ExpertInnen aus deren subjektivem Bezugsrahmen und Betroffenheit heraus zu verstehen und zu beschreiben. Das Forschungsinteresse liegt auf der Erschließung subjektiver Wahrnehmungsmuster, Handlungsabsichten und Sinnzusammenhänge der befragten Frauen und ExpertInnen.

Die Arbeit ist aufgrund der Fragestellung als multimethodologisches Vorgehen aufgebaut und umfasst innerhalb dieser Triangulation drei Untersuchungsschritte:

1. qualitative, problemzentrierte Betroffenen-Interviews mit themenspezifischen Kurzfragebögen
2. qualitative ExpertInnen-Interviews
3. quantitative Versorgungsstrukturanalyse

Zunächst wurden in Berlin Interviews mit Frauen durchgeführt, die (teils bewusst, teils unbewusst) Pränataldiagnostik haben durchführen lassen. Ziel ist es, die Bedürfnisse der Frauen in der Beratung zu Pränataldiagnostik herauszukristallisieren. Da die Perspektive der Frauen den Mittelpunkt der Studie darstellt, sind die Betroffenen-Interviews der erste Schritt in der Datenerhebung. Um sich eine größtmögliche Offenheit zu erhalten, werden erst im Anschluss daran die ExpertInnen interviewt und befragt, zuletzt gefolgt von der Theoriebildung.

Um eine Vielfalt von beruflichen Hintergründen bei den InterviewpartnerInnen zu erreichen, werden für die ExpertInnen-Interviews folgende Untersuchungsgruppen ausgewählt:

- Beraterinnen in Schwangeren- und Schwangerschaftskonfliktberatungsstellen (evangelisch, katholisch, freier Träger) mit verschiedenen Professionen: Sozialarbeiterin, Psychologin, Gynäkologin. Das Interview mit der Gynäkologin erfolgt, weil sie in der psychosozialen Beratungsstelle die psychosoziale Beratung bei Pränataldiagnostik für Frauen und Paare anbietet. Die Interviews werden auf Wunsch der Beraterinnen und aufgrund ihrer institutionellen Einbindung in den jeweiligen Beratungsstellen durchgeführt.

- Hebammen aus verschiedenen Tätigkeitsfeldern (Klinik, freiberuflich, Beleghebamme). Die Hebammen finden bisher in der empirischen Forschung – bis auf einige Ausnahmen (vgl. Kehrbach 1997; Friedrich et al. 1998; Ensel 2002) kaum Beachtung. Die Interviews finden aufgrund geringerer oder keiner institutioneller Einbindung jeweils bei den Hebammen Zuhause statt.

- Die Suche nach GynäkologInnen als InterviewpartnerInnen erweist sich als sehr aufwendig und schwierig. Als Grund wird von allen der Zeitmangel angegeben. Die männlichen Experten verhalten sich durchgehend abweisender, die weiblichen interessieren sich zumindest für die Thematik. Es erklären sich zwei Frauen und ein Mann zum Interview bereit. Zwei arbeiten als Niedergelassene, eine in einer Klinik. Zwei Interviews werden in den Praxen, das dritte aufgrund momentanen Erziehungsurlaubes in der Privatwohnung durchgeführt.

- PränataldiagnostikerInnen: sowohl niedergelassene als auch in der Klinik tätige, zwei Männer und eine Frau. Aus Anonymisierungsgründen werden die in den Ergebniskapiteln aufgeführten Zitate nicht geschlechtsspezifisch kenntlich gemacht. Die Interviews finden in den Arbeitsräumen (Praxis oder Arbeitszimmer in der Klinik) statt.

Die in der vorliegenden Studie durchgeführten Betroffenen- und Experten-Interviews werden mit Hilfe der qualitativen Inhaltsanalyse nach Mayring ausgewertet (1993, 2000). Mayring (1993) entwickelte ein Verfahren der qualitativen Inhaltsanalyse, das verschiedene aufeinander folgende Schritte beinhaltet. Wesentliches Merkmal ist die Verwendung von Kategorien. Zum ersten Schritt gehören nach Mayring die Festlegung des Materials und die Auswahl der Interviewten. Zum zweiten Schritt gehört die Analyse der Erhebungssituation, die von der Interviewerin im Postscriptum festgehalten wird. Der dritte Schritt beinhaltet die formale Charakterisierung des Materials. Dazu zählen die Tonbandaufzeichnung des Interviews sowie die anschließende Transkription. Wenn die Fragestellung der Analyse geklärt ist, wird diese unter Einbezug der Theorie weiter differenziert.

Anschließend wird eine der drei von Mayring vorgeschlagenen Techniken ausgewählt. Bei der vorliegenden Studie fällt die Entscheidung auf die strukturierende Inhaltsanalyse:

Durch Verwendung von Kategorien wird das Material strukturiert. Textpassagen, die zu einer der Kategorien zugeordnet werden können, werden systematisch extrahiert. Nach Mayring (1993) werden mit Hilfe von typischen Textstellen, sog. Ankerbeispielen, Kodierregeln formuliert, so dass ein Kodierleitfaden entsteht.

Als dritter und letzter Untersuchungsschritt wird in der Untersuchungsregion Berlin eine Versorgungsstrukturanalyse durchgeführt.

Die Versorgung der Frauen mit psychosozialer Beratung zu Pränataldiagnostik in Berlin ist bisher nicht schriftlich erfasst bzw. publiziert. Zur Ergänzung der vorliegenden qualitativen Studie fällt die Entscheidung auf eine quantitative Untersuchung, um statistische Daten über die psychosoziale Beratungslandschaft zu erheben. Diese Datengrundlage kann zur Verfügung gestellt werden und zum Beispiel Handlungsoptionen im Kontext von Beratung ermöglichen.

Mit Hilfe eines standardisierten Erhebungsansatzes wird eine Versorgungsstrukturanalyse durchgeführt. Ziel dieser quantitativen Studie ist die Erfassung statistischer Daten über die psychosoziale Beratung zu Pränataldiagnostik, um das Beratungsangebot für schwangere Frauen und ihre Partner darzustellen.

Ergebnisse

1. Im Kontext pränataler Diagnostik erachten die Frauen psychosoziale Beratung als notwendig, es fehlt ihnen jedoch häufig der Zugang. An der Schnittstelle zwischen einerseits medizinischer Versorgung und Beratung sowie andererseits psychosozialer Beratung ist Kontinuität meist nicht gewährleistet.

Als zentrales Ergebnis stellte sich heraus, dass die Frauen kaum Kenntnis von psychosozialen Beratungsangeboten haben. Eine Fragestellung für weitere Forschung wäre somit – zum Beispiel durch das Aufzeichnen von NutzerInnenpfaden – zu erfahren, wie Frauen von den psychosozialen Beratungs- und Unterstützungsangeboten bisher erfahren, um dies mit interdisziplinären Ansätzen der Kooperation zu optimieren und Zugänglichkeit der Beratungsangebote für die Frauen zu erreichen.

Eine engere Kooperation zwischen den Disziplinen und ein Netz von Unterstützungs- und Beratungsmöglichkeiten wäre wünschenswert, damit die Versorgungskontinuität gewährleistet ist und die Frauen jederzeit wissen, an wen sie sich wenden können, von wem sie Hilfe erwarten können.

Die aktuelle Studie von Rohde/Woopen (2007) zur psychosozialen Beratung von schwangeren Frauen im Kontext von Pränataldiagnostik greift die interdisziplinäre Kooperation auf und ermöglicht Frauen einen leichteren Zugang zu psychosozialen Beratungsangeboten, evaluiert drei Modellprojekte, in denen Frauen zur Inanspruchnahme von Beratung befragt wurden, bestärkt das erste Ergebnis der vorliegenden Studie. Sie unterstreicht die dargestellte Bedeutsamkeit psychosozialer Beratung und greift die Schnittstelle zwischen medizinischer Versorgung und psychosozialer Beratung auf, indem Frauen in direkter Verbindung zur Inanspruchnahme von Pränataldiagnostik Beratung in den pränatalmedizinischen Kliniken angeboten wird.

Die in der Dissertation angeführte Kritik an der Implementierung psychosozialer Beratung innerhalb der Strukturen medizinischer Institutionen wie bspw. die pränatalmedizinischen Kliniken in den Modellprojekten fokussiert die Gefährdung der Unabhängigkeit der Beratung aufgrund von Interessenskonflikten. Begründet wird die notwendige Trennung zwischen medizinischer Intervention und psychosozialer Beratung – und gleichzeitig Kooperation – damit, dass die Unabhängigkeit der Beraterin und somit der Beratung von ökonomischen Zwängen gegeben sein muss.

2. Die Entscheidung für oder gegen die Inanspruchnahme von Pränataldiagnostik wird als Wechselspiel zwischen Entscheidungsmöglichkeit und Zwang zur Entscheidung als Fremdbestimmung durch MedizinerInnen erlebt.

Aktuelle Entwicklungen der pränataldiagnostischen Möglichkeiten, die insbesondere den früheren Einsatz der Diagnostik sowie die Ausweitung der Inanspruchnahme von Pränataldiagnostik betreffen, führen dazu, dass der Druck auf die schwangeren Frauen und der

Zwang zur Entscheidung für die Inanspruchnahme von Pränataldiagnostik ansteigen. Die Illusion der Vermeidbarkeit von Behinderung wird aufrechterhalten und noch verstärkt, indem anhand von technologisch generierten Daten unausweichliche Entscheidungen von Frauen getroffen werden sollen, die zum einen durch die Untergliederung von Entscheidungsprozessen nicht mehr den Gesamtkontext erkennen lassen, zum anderen auf einer Konstruktion von Normalität basieren (Wieser/Karner 2006).

3. Vielen Frauen ist die Konsequenz der Inanspruchnahme von Pränataldiagnostik bei Feststellung einer Behinderung des Kindes – nämlich der Entscheidungskonflikt zwischen der Austragung des Kindes und dem Spätabbruch als eingeleitete Geburt mit Todesfolge nicht bewusst. Die meisten interviewten Frauen fühlen sich unzureichend informiert und aufgeklärt.

Strachota (2006) unterstreicht die meist unzureichende Information und Aufklärung von Frauen und Paaren über die Konsequenzen der Inanspruchnahme von Pränataldiagnostik. Die Ergebnisse der von ihr durchgeführten Interviews mit Frauen und Paaren nach positivem Befund bei Pränataldiagnostik stellen den Entscheidungskonflikt dar, auf den die Frauen und Paare nach unzureichender Aufklärung nicht vorbereitet sind.

4. Strukturelle Rahmenbedingungen, wie finanzielle Anreizsysteme und die Rechtsprechung bestimmen das Feld der medizinischen Beratung. Die Verantwortung für die Aufklärung der Frauen wird unausgesprochen zwischen den ExpertInnen hin- und hergeschoben.

Die Verantwortung für die Aufklärung der Frauen wird verschoben, indem die niedergelassenen GynäkologInnen nach Einschätzung der ExpertInnen die Verantwortung für die Aufklärung unausgesprochen an die PränataldiagnostikerInnen weitergeben. Diese hingegen erwarten, dass die Frau bereits ausreichend von den niedergelassenen GynäkologInnen aufgeklärt worden ist. Die Pflicht zum informed consent kann somit der Gefahr unterliegen, zu einer Farce zu werden. Die Schere zwischen Anspruch und Wirklichkeit führt neben der unzureichenden Aufklärung für Frauen zu fehlender Vermittlung möglicher Konsequenzen bis hin zu der des Entscheidungskonfliktes zwischen der Austragung des Kindes mit Behinderung und dem Spätabbruch als eingeleitete Geburt. Die Verpflichtung der GynäkologInnen zum informed consent wird auf diesem Hintergrund von Seiten der interviewten BeraterInnen zu Recht eingefordert.

5. Die MedizinerInnen geben an, dass bei den Frauen Verunsicherung durch Pränataldiagnostik entsteht, da die PränataldiagnostikerInnen nach Behinderungen oder Erkrankungen suchen, während die Frauen Garantie und Sicherheit für ein gesundes Kind erwarten.

Auch Lux (2007) greift die verschiedenen Perspektiven im Zusammenhang mit der Inanspruchnahme von Pränataldiagnostik auf. Graumann (2005) ergänzt zudem die Asymmetrie in den Beziehungen zwischen PatientInnen und MedizinerInnen.

6. Die Beraterinnen erleben die psychosoziale Beratung als „Auffangbecken" nach medizinischer Beratung, d.h. alles, was an Fragen und Problemen durch die medizinische Beratung aufgeworfen bzw. erst ausgelöst wird, müssen die Beraterinnen auffangen.

Auch neuere Studien zur Rolle der Beraterinnen bestätigen die eher nachgehende Funktion der Beratung bei Inanspruchnahme von Pränataldiagnostik (Wassermann et al. 2005).

7. Die Hebamme wird als mögliche Begleiterin und Beraterin kaum beachtet. – Die Frauen nehmen Hebammenhilfe in der ersten Schwangerschaftshälfte kaum in Anspruch.

Neuere Studien greifen überdies die Auswirkungen von Pränataldiagnostik auf die frühe Mutter-Kind-Bindung auf (vgl. Feldhaus-Plumin 2007; Alberti 2007).

Auf eine mögliche Einführung von Pflichtberatung im Kontext pränataler Diagnostik, die derzeit auf politischer Ebene wieder diskutiert wird, auf den selektiven Charakter von Pränataldiagnostik sowie auf ethische Fragestellungen, die durch die beiden Wertepole Selbstbestimmung der Frau und Schutz des ungeborenen Lebens auftreten, konnte in dieser Forschungsarbeit nicht weiter eingegangen werden.

Die Technik und der Fortschrittsglauben beinhalten eine Polarisierung in ein Leben mit einem Kind mit Behinderung bei Nicht-Inanspruchnahme von Pränataldiagnostik einerseits und der Illusion der

Vermeidbarkeit eines Kindes mit Behinderung durch Inanspruchnahme von Pränataldiagnostik andererseits. Andere Facetten werden häufig ausgeblendet. So wird die ‚Option', ein medizinisch prognostiziertes nicht-lebensfähiges Kind auszutragen, von MedizinerInnen häufig nicht gedacht und den Frauen nicht offeriert. Die pränataldiagnostischen Möglichkeiten werden überschätzt. Die Grenzen von Pränataldiagnostik, zum Beispiel in Hinblick auf die begrenzte Aussagekraft von Risikoberechnungen und auf die ‚unmögliche' Prognose bezüglich des Ausmaßes eines Behinderungsbildes werden kaum thematisiert. Die Entscheidung über Leben und Tod eines Kindes mit Behinderung als Konsequenz der Inanspruchnahme von Pränataldiagnostik mit positiver Befundmitteilung wird selten frühzeitig wahrgenommen.

Implikationen für die Praxis

Die Ergebnisse der Untersuchung verdeutlichen dringenden Handlungsbedarf an der Schnittstelle zwischen medizinischer Versorgung und Beratung sowie psychosozialer Beratung. Zudem erscheint die Weiterentwicklung von Beratungskriterien für die psychosoziale und interdisziplinäre Beratungsarbeit sowie die Qualitätssicherung dringend erforderlich. Zuständigkeiten müssen geklärt, Kooperationen optimiert und Beratungsinhalte den Bedürfnissen und Erwartungen der Frauen und Paare angepasst werden.

Psychosoziale und interdisziplinäre Beratungsarbeit erfordert die Entwicklung interdisziplinärer Versorgungs- und Beratungsstrukturen, als institutionalisiertes oder institutionenübergreifendes Angebot. Handlungsbedarf besteht vor allem in der Aufklärung und Beratung vor Inanspruchnahme von Pränataldiagnostik, um dem Entscheidungsdilemma der Frauen und Paare entgegenwirken zu können.

Literatur

Alberti, Bettina (2007): Die Seele fühlt von Anfang an. Wie pränatale Erfahrungen unsere Beziehungsfähigkeit prägen. 2. Aufl. München: Kösel.

Ensel, Angelica (2002): Hebammen im Konfliktfeld der pränatalen Diagnostik. Zwischen Abgrenzung und Mitleiden. Karlsruhe: Hebammengemeinschaftshilfe.

Feldhaus-Plumin, Erika (2007): Pränataldiagnostik und die (frühe) Mutter-Kind-Beziehung. Beraterinnentagung 2007. Aktion leben. Linz.

Friedrich, Hannes/Stenze, Karl-Heinz/Stemann-Acheampong, Susanne (1998): Eine unmögliche Entscheidung. Pränataldiagnostik – Ihre psychosozialen Voraussetzungen und Folgen. Berlin: VWB.

Graumann, Sigrid (2005): Rechte und Pflichten in asymmetrischen Beziehungen. In: Graumann, Sigrid/Grüber, Katrin (Hg.) (2005): Anerkennung, Ethik und Behinderung. Münster: LIT-Verlag.

Kehrbach, Antje (1997): Über die Praxis des eingeleiteten Todes im Krankenhaus. Über den Umgang mit Frauen, die keiner haben will. In: Evangelische Konferenz für Familien- und Lebensberatung 1997: Materialien zur Beratungsarbeit Nr. 11. Berlin: EKFuL.

Lux, Vanessa (2007): Die Pränataldiagnostik in der Schwangerenvorsorge und der Schwangerschaftsabbruch nach Pränataldiagnostik. Berlin: Institut Mensch, Ethik und Wissenschaften (IMEW).

Mayring, Philipp (1993/2000): Qualitative Inhaltsanalyse. Grundlagen und Techniken. Weinheim: Deutscher Studienverlag.

Rohde, Anke/Woopen, Christiane (2007): Psychosoziale Beratung im Kontext von Pränataldiagnostik. Evaluation der Modellprojekte in Bonn, Düsseldorf und Essen. Köln: Bundeszentrale für gesundheitliche Aufklärung.

Strachota, Andrea (2006): Zwischen Hoffen und Bangen, Frauen und Männer berichten über ihre Erfahrungen mit Pränataler Diagnostik. Frankfurt a.M.: Mabuse.

Wassermann, Kirsten/Woopen, Christiane/Rohde, Anke (2005): Psychosoziale Beratung bei Pränataldiagnostik. Die Sicht der Beraterinnen. Zentralblatt Gynäkologie, Heft 01, Jg. 127, Feb. 2007. Stuttgart.

Wieser, Bernard/Karner, Sandra (2006): Pränataldiagnostik aus der Sicht von ExpertInnen. In: Wieser, Bernard/Karner, Sandra/Berger, Wilhelm (2006): Prenatal Testing – Individual Decision or Distributed Action. Projektbericht. Klagenfurt: IFF.

Silke Birgitta Gahleitner

Geschlechtsspezifische Verarbeitung sexueller Gewalt – Salutogenetische Perspektiven

Ausgangspunkt Praxis

B erlin verfügt über zwei Einrichtungen für Jugendliche nach sexueller Gewalterfahrung: die bereits vor mehr als einem Jahrzehnt aufgebaute ‚Myrrha‘ für Mädchen und die vor wenigen Jahren gegründete ‚Male‘ für Jungen. Der Ruf, der den Einrichtungen vorauseilt, unterscheidet sich grundlegend: In der Male, so hört man, „geht’s hoch her“, in der Myrrha dagegen „ist ständig Krise angesagt“.[1]

Betrachtet man die Entwicklung der Konzeptionen, kann man eine weitere interessante Beobachtung machen: Die Jungeneinrichtung startete nach professionellem Verständnis über die Ähnlichkeit der Auswirkungen sexueller Übergriffe zunächst mit demselben sozialtherapeutisch ausgerichteten Konzept wie die Mädcheneinrichtung. Nach relativ kurzer Laufzeit stellte sich jedoch heraus, dass viele der Jungen, die der Einrichtung zugewiesen wurden, ursprünglich nicht aufgrund ihrer Betroffenheit, sondern durch verübte sexuelle Gewalt auf andere Jungen oder Mädchen aufgefallen waren. Konzeptionelle Veränderungen waren die Folge, die sich neben der Betroffenheit zunehmend mehr auf die Täteranteile der Jungen bezogen.

Was jedoch bedeutet diese phänomenologisch wie in der Gesellschaft vorherrschende Assoziation: ‚Junge – Subjekt – Täter‘ und ‚Mädchen – Objekt – Opfer‘ für die betroffenen Mädchen und Jungen, und inwiefern beeinflusst diese Zuschreibung den Bewältigungsprozess bezüglich der erfahrenen sexuellen Gewalt? Und auf übergeordneter Ebene: Wie ist es sexuellen Gewaltopfern möglich, mit ihren Er-

---

1 Zitate aus Gesprächen mit MitarbeiterInnen von Facheinrichtungen gegen sexuelle Gewalt in Berlin.

fahrungen zu leben und sie möglichst konstruktiv zu bewältigen? Diese Fragen waren die Ausgangsmotivation für die Durchführung des Forschungsprojektes mit 25 lebensgeschichtlichen Interviews.

‚State of the art' – kurz gefasst

Es ist inzwischen disziplinübergreifend Konsens, dass die (Geschlechts-)Identität von klein auf in lebenslanger *„aktiver Auseinandersetzung mit der ... Umwelt"* (Hurrelmann/Ulich 1998, S. 4) aufgebaut wird. Bereits in der frühkindlichen Entwicklung bildet sich bei weiblichen und männlichen Kindern ein differentes, individuelles Geschlechtskonzept heraus (Trautner 1991). Dieses über den gesamten Lebensverlauf interaktiv in Entwicklung befindliche Konzept wird wesentlich durch das Geschlechtsverständnis der jeweiligen Kultur geprägt. Geschlechtsrollen sind aus dieser Perspektive als ‚Regeln' zu betrachten, als Teil der komplexen soziopsychischen Dominanz-Verhältnisse, die sich bis in die Psyche hinein manifestieren (Hagemann-White 1984), in der individuellen Ausgestaltung jedoch wiederum auf das übergreifende System der Geschlechtskonstruktionen zurückwirken (West/Zimmermann 1987). Auf diese Weise bleiben die Geschlechtsidentität – als Bewusstsein, ein männliches oder weibliches Individuum zu sein und als Integration dieser Erkenntnis in das Selbstkonzept (Bilden 2001) – und das Verständnis von Geschlecht als Produkt des gesellschaftlichen Diskurses stetig in Entwicklung und Veränderung begriffen.

Nichts ist in unserer Gesellschaft so eng mit Geschlecht und Geschlechtsidentität verknüpft wie Sexualität. Was als erotisch und sexuell erregend empfunden wird, ebenso wie das, was als sexuelles Tun erlebt wird, ist ganz besonders eingebettet in das „kulturelle System der Zweigeschlechtlichkeit' (Hagemann-White 1984). Traumatische Ereignisse treffen unmittelbar auf dieses geschlechtsspezifisch differenzierte Konzept des Selbst und werden im Kontext dieses Systems integriert und verarbeitet (Butollo/Gravranidou 1999; Cicchetti 1999). Es überrascht daher nicht, dass die Initialfolgen sexueller Gewalt bei Jungen und Mädchen in der frühesten Kindheit kaum Unterschiede aufweisen. Die weitere Entwicklung, insbesondere die der Sexualität, vollzieht sich jedoch vor einem stark strukturierenden geschlechtsspezifischen Hintergrund. Es scheint also nicht verwunderlich, dass in der Verarbeitung der Folgen mit zunehmendem Alter neben vielen Gemeinsamkeiten auch Differenzen zwischen Mädchen und Jungen auftauchen. Sexuelle Gewalt trifft also ‚unmittelbar geschlechtsspezifisch‘, die Auswirkungen werden jedoch erst im Sozialisationsprozess und in der weiteren Verarbeitung mit zunehmendem Alter deutlich.

Sexuelle Gewalt kann als traumatogener Faktor in der Entwicklung der (Geschlechts-)Identität begriffen werden, bisherige Ergebnisse weisen jedoch aufgrund des Vorherrschens von Querschnitts- anstelle von Longitudinalstudien viele Widersprüche auf (Gahleitner 2000).

Methodisches Vorgehen

Zentrales Anliegen der klinischen Forschung ist die Findung und Förderung hilfreicher Copingkonzepte, die einen möglichst symptomfreien Lebensverlauf erlauben (Fegert 1994). Entlang dieser Zielsetzung lautete meine Fragestellung: Wie und an welchen Stellen des Verarbeitungsprozesses zeigen sich geschlechtsspezifische Aspekte in der Bewältigung sexueller Gewalt und inwiefern wirken diese wiederum auf den Copingprozess zurück?

Diese prozessorientierte, explorative Fragestellung erforderte eine qualitative Forschungsmethodik. Mit Hilfe problemzentrierter Interviews mit offener Eingangsfrage (Witzel 1982) wurde zunächst ein Zugang zur Lebenswirklichkeit der betroffenen Männer und Frauen geschaffen. Die teilweise vorgenommene Standardisierung erleichterte die Vergleichbarkeit und bot die Basis für eine prozesshafte flexible Strukturierung zwischen induktivem und deduktivem Vorgehen in der Auswertung. Die Interviews wurden durch den Einsatz Sozialer Atome zur Erhebung des sozialen Umfeldes und begleitender diagnostischer Fragebögen ergänzt. Damit wurde der Erkenntnis Rechnung getragen, dass Beziehungen unter den heilungsfördernden Faktoren eine Schlüsselposition einnehmen. Nach dem Verfahren des ‚Theoretical Sampling‘ nach Glaser & Strauss (1967, 1998) wurde über eine schrittweise Auswahl von Untersuchungseinheiten versucht, möglichst viel Reichhaltigkeit in den Ergebnissen zu erzielen.

Zur Auswertung der Interviews wurde die qualitative Inhaltsanalyse nach Mayring (1993, 2000) leicht modifiziert und mit einem geschlechtssensiblen Verfahren nach Hagemann-White (1993, 1994) kombiniert, um der explorativen, induktiven Vorgehensweise mehr Raum zu eröffnen und dem Gender-Aspekt des Forschungsgegenstandes gerecht zu werden. Dies ermöglichte eine ‚systematische Spurensuche nach Aussagen, die in den Bereich der Geschlechterrelevanz fallen‘ (Hagemann-White 1994), und damit Aufschluss darüber, an welchen Punkten und in welchen Situationen Frauen und Männer bestimmte Verarbeitungsstrategien verwenden und inwiefern diese Copingwahl geschlechtsspezifische Aspekte beinhaltet.

Ausgewählte Ergebnisse im Vergleich mit angrenzender Forschung

Die von den InterviewpartnerInnen berichteten geschlechtsübergreifenden Folgeerscheinungen stoßen ebenso wie die geschilderten Unterschiede in der wissenschaftlichen Literatur und Praxis zu sexueller Gewalt auf zahlreiche Übereinstimmungen (vgl. u.a. Briere 1992; Fegert 1994; Gahleitner 2000). Die gesellschaftlich nahegelegte Tendenz von Frauen zu Autoaggressivität und Männern zu Aggressivität ist in der Genderforschung in Anwendung auf andere Lebenssituationen ebenfalls bereits beschrieben (Rommelspacher 1992; Alfermann 1996). Die geschlechtsspezifische Differenz bezüglich der Symptomwahrnehmung und -ausgestaltung stellt inzwischen in der Trauma-, Gender und Copingforschung ein gut abgesichertes Faktum dar (Cornelißen et al. 2001). Damit zusammenhängend sind die hohe Wahrscheinlichkeit für Frauen, Reviktimisierungen zu erfahren (Russel 1986), und die für Männer, Täteranteile bzw. -phantasien zu entwickeln (Rossilhol 2002), ebenfalls bereits erforscht. Die Verleugnung von Frauen als Täterinnen und Männern als Opfern, die dieser Symptomausgestaltung gesellschaftlich zugrunde liegt, ist nach aktuellen Untersuchungen starken gesellschaftlichen Einwirkungen zuzuschreiben. Selbst unter Professionellen wird sexuelle Gewalt ,vergeschlechtlicht' wahrgenommen (Kavemann 1996). Dies macht auch das eingangs erwähnte Beispiel der beiden Berliner Einrichtungen für Jungen und Mädchen nach sexueller Gewalterfahrung deutlich.

Bei der Betrachtung der Bewältigung sexueller Gewalt verhält es sich ähnlich wie bei den Auswirkungen. Die Gemeinsamkeiten von Männern und Frauen finden in der Forschungsliteratur bis auf wenige Abweichungen zahlreich Bestätigung. Die Erkenntnisse wurden jedoch bisher nicht auf die Dynamik des Verarbeitungsprozesses übertragen. Dies zeigt sich insbesondere bei den beobachteten dekonstruktiven Tendenzen an den Wendepunkten des Aufarbeitungsprozesses. Dieses Untersuchungsergebnis steht im Widerspruch zur bisherigen Traumaforschung bzw. ergänzt diese um eine weitere geschlechtsspezifische Perspektive und wird im Folgenden kurz zusammengefasst (ausführliche Ergebnisbeschreibung vgl. Gahleitner 2005).

Die bereits referierte Tendenz zur Internalisierung bei Mädchen und zur Externalisierung bei Jungen in den Folgeerscheinungen, die sich bei Erwachsenen fortsetzt (Seagull/Seagull 1991; Herman 1993), wirkt sich für beide Geschlechter gleichermaßen negativ aus. Aus der Internalisierung und dem damit einhergehenden Leidensdruck kann bei den Frauen zwar die Chance entstehen, das Missbrauchserlebnis biografisch ,sinnstiftend' zu verarbeiten. Allerdings kann es dabei geschehen, dass sie sich in der ,Opferkarriere' verfangen. Ohne auch aggressive Gefühle zuzulassen und Verantwortung zu übernehmen – nicht für das Geschehene, aber für ihr weiteres Leben –, scheint Frauen eine ähnliche Stagnation zu drohen wie Männern, die in der Aggression und/oder Täterschaft verhaftet bleiben. Das kulturelle System der Zweigeschlechtlichkeit nimmt hier eine Segregation vor, der zufolge beide Geschlechter gleichermaßen ,auf die VerliererInnenseite geraten'.

Sich daraus zu befreien, erfordert eine Überschreitung dieser geschlechtsspezifischen Einengung, denn eine bewusste Auseinandersetzung mit dem Trauma kann nur bei einer erfolgreichen Bearbeitung sowohl der emotionalen als auch der kognitiven Komponenten zu einer Erleichterung führen. Dies ist bekannt, wird aber nicht geschlechtsspezifisch reflektiert (vgl. u.a. Roth/Newman 1991; Greenberg/Safran 1987). Da jedoch sowohl die expressive als auch die instrumentelle Komponente i.d.R. einer starken geschlechtsspezifischen Prägung unterliegen, wird hier eine Geschlechtsrollen-Integrationsleistung erforderlich, die sich nach den Ergebnissen der vorliegenden Untersuchung als ein wesentliches Moment im Aufarbeitungsprozess erweisen kann. Gelingt diese Integrationsleistung zugunsten einer erfolgreichen Verarbeitung der Gewalterfahrung, kommt es bei den Interviewten geschlechtsübergreifend zu einer Erleichterung in den Folgeerscheinungen. Flexibilität im Geschlechtsrollenverständnis lässt sich daher nach den Ergebnissen der vorliegenden Untersuchung als salutogenetischer Faktor in der Verarbeitung früher sexueller Traumata verstehen.

Diese Beobachtung lässt sich nicht nur in klassische transaktionale Copingmodelle einbetten (Folkman/Lazarus 1980), sondern vor allem in das Salutogenesemodell Antonovskys, der die Flexibilität und Angemessenheit der Strategiewahl als direkt gesundheitsfördernden Faktor versteht (1979). Diese berücksichtigen jedoch zu keinem Zeitpunkt geschlechtsspezifische Phänomene. Der dekonstruktivistische Theoriestrang der Geschlechter- und Gesundheitsforschung wiederum weist in eine ähnliche Richtung (vgl. insbesondere Bem 1975). Die Genderforschung sieht dabei jedoch bisher in erster Linie die Instrumentalitätskomponente, nicht jedoch die weiblich konnotierte Expressivitätskomponente, als ausschlaggebend für psychische Gesundheit an und bezieht sich i.d.R. nicht auf den Traumabereich (vgl. dazu Sieverding/Alfermann 1992).

Es stellt sich also die Frage, ob für den Lebensverlauf von Frauen wie Männern – insbesondere aber nach tiefgreifenden Traumata – die Verfügbarkeit aller erdenklichen Verarbeitungsstrategien von so großer Bedeutung ist, dass eine gewisse Loslösung von typischem Rollenverhalten sich für Männer wie Frauen als ‚heilsam‘ erweist. Dieser Gedanke verbindet die theoretischen Stränge salutogenetischer Perspektiven der Copingforschung und dekonstruktivistischer Aspekte der Genderforschung und wurde meiner Kenntnis zufolge für die Verarbeitung sexueller Gewalt bisher nicht beschrieben.

Schlussfolgerungen

Die vorliegende Untersuchung ist ein praxisrelevantes Beispiel für das Ineinandergreifen von Gewalt und Geschlecht in seiner destruktiven Form für beide Geschlechter. An die Stelle der Übernahme traditioneller Geschlechtsrollenstandards träte demnach die Vereinigung konstruktiver maskuliner und femininer Eigenschaften, also Androgynität oder gar die völlige Loslösung von einer Geschlechtsbezogenheit. Die Aushandlungs- und Veränderungsprozesse unterliegen jedoch vor der individuellen Wunschgestaltung vor allem Macht- und Ressourcenfragen. Was an ‚Entgrenzung' tatsächlich möglich ist, hängt ab von den jeweiligen Möglichkeiten. Dieser Prozess kann potenziell statt zu Emanzipation auch zu Leiden und Resignation führen.

Aus der alltäglichen Praxis insbesondere im Gewaltbereich stellt sich daher die Frage, ob es sich tatsächlich durchgängig so verhält, „dass wir die Geschlechter, die wir geworden sind, nicht ... sein müssen" und das „Unbehagen der Geschlechter" (Butler 1991, S. 61) wie ein nicht mehr benötigtes Kleidungsstück abschütteln können. Denn bei einer solchen Sichtweise besteht die Gefahr der Reduktion des Geschlechterverhältnisses auf bloße Ideologie: „Außen vor bleibt bei einem solchen Begriff von ‚Geschlecht', dass diese Vorstellung gegenwärtig gelebt wird" (Maihofer 1995, S. 68).

Sich jedoch auch in diesem Bereich vor Reduktionismus zu schützen – und sei es durch „konstruktivisitische Verkürzungen" (ebd., S. 83) – hat durchaus Relevanz für die Praxis. Handlungsspielräume und Veränderbarkeiten realistisch einzuschätzen, die Verhaftung von Individuen in momentanen historisch-gesellschaftlich und psychisch gewachsenen Situationen zu würdigen und aus dieser exakten Situationseinschätzung heraus Interventionsmöglichkeiten zu entwickeln, bringt daher oft wirksamere und realistischere Behandlungsergebnisse als die Proklamation schier unendlicher Möglichkeiten aufgrund bloßer Einstellungsänderung. Insofern geht es um eine „vorsichtige experimentierende Transgression", nicht um das „Einreißen fragiler Identitäten" (Bilden 2001, S. 145).

Literatur

Alfermann, Dorothee (1996): Geschlechterrollen und geschlechtstypisches Verhalten. Stuttgart: Kohlhammer.

Antonovsky, Aaron (1979): Health, stress and coping. New perspectives an mental and physical well-being. San-Francisco: Jossey-Bass.

Bem, Sandra L. (1975): Androgyny vs. the tight little lives of lluffy women and chesty men. Psychology Today, 9, 58-62.

Bilden, Helga (2001): Die Grenzen von Geschlecht überschreiten. In: Fritzsche, Bettina/Hartmann, Jutta/Schmidt, Andrea/Tervooren, Anja (Hg.): Dekonstruktive Pädagogik. Erziehungswissenschaftliche Debatten unter poststrukturalistischen Perspektiven, S. 137-147. Opladen: Leske + Budrich.

Briere, John N. (1992): Child Abuse Trauma. Theory and Treatment of the Lasting Effects. Newbury Park: Sage.

Butler, Judith (1991): Das Unbehagen der Geschlechter. Frankfurt a.M.: Suhrkamp. (Original 1990.)

Butollo, Willi/Gavranidou, Maria (1999): Intervention nach traumatischen Ereignissen. In: Oerter, Rolf/Hagen, Cornelia von/Röper, Gisela/Noam, Gil (Hg.): Klinische Entwicklungspsychologie, S. 459-477. Weinheim: Beltz – Psychologie Verlags Union.

Cicchetti, Dante (1999): Entwicklungspsychopathologie: Historische Grundlagen, konzeptionelle und methodische Fragen, Implikationen für Prävention und Intervention. In: Oerter, Rolf/Hagen, Cornelia von/Röper, Gisela/Noam, Gil (Hg.): Klinische Entwicklungspsychologie, S. 11-44. Weinheim: Beltz – Psychologie Verlags Union.

Cornelißen, Waltraud/Gille, Martina/Knothe, Holger/Meier, Petra/Stürzer, Monika (2001): Die Lebenssituation und die Perspektiven junger Frauen und Männer in Deutschland. Eine sekundäranalytische Auswertung vorhandener Umfragedaten. In: Deutsches Jugendinstitut (Hg.): Das Forschungsjahr 2001, S. 133-142. München: Grafik + Druck.

Fegert, Jörg M. (1994): Sexuelle Gewalt gegen Kinder – geschlechtsspezifische Verarbeitung bei den Betroffenen und Gegenübertragungsreaktionen, Reaktionen sowie Vorurteile bei den BehandlerInnen. Unveröffentlichtes Manuskript, präsentiert auf der Tagung der Deutschen Gesellschaft für Verhaltenstherapie (DGVT) an der Technischen Universität Berlin.

Folkman, Susan/Lazarus, Richard S. (1980): An analysis of coping in a middleaged community sample. Journal of Health and Social Behavior, 21, 219-239.

Gahleitner, Silke-Birgitta (2000): Sexueller Mißbrauch und seine geschlechtsspezifischen Auswirkungen. Marburg: Tectum.

Gahleitner, Silke Birgitta (2005): Sexuelle Gewalt und Geschlecht. Hilfen zur Traumabewältigung bei Frauen und Männern. Gießen: Psychosozial. (Forschung Psychosozial.)

Glaser, Barney G./Strauss, Anselm L. (1967). The Discovery of Grounded Theory. Strategies for Qualitative Research. Chicago: Aldine.

Glaser, Barney G./Strauss, Anselm L (1998). Grounded Theory. Strategien qualitativer Forschung. Bern: Hans Huber.

Greenberg, Leslie S./Safran, Jeremy D. (1987): Emotion in Psychotherapy. Affect, Cognition and the Process of Change. New York: Guilford Press

Hagemann-White, Carol (1984): Sozialisation weiblich – männlich? Opladen: Leske + Budrich.

Hagemann-White, Carol (1994). Der Umgang mit Zweigeschlechtlichkeit als Forschungsaufgabe. In: Diezinger, Angelika/Kitzer, Hedwig/Anker, Ingrid/Odierna, Simone/Haas, Erika/Bingel, Irma (Hg.): Erfahrung mit Methode. S. 301-318. Freiburg: Kore-Verlag.

Herman, Judith L. (1993): Die Narben der Gewalt. Traumatische Erfahrungen verstehen und überwinden. München: Kindler.

Hurrelmann, Klaus/Ulich, Dieter (Hg.) (1998): Handbuch der Sozialisationsforschung (5. Aufl.). Weinheim: Beltz.

Kavemann, Barbara (1996): Täterinnen – Frauen, die Mädchen und Jungen sexuell missbrauchen. In: Hentschel, Gitti (Hg.): Skandal und Alltag. Skandal und Alltag. Sexueller Mißbrauch und Gegenstrategien, S. 246-261. Berlin: Orlanda.

Maihofer, Andrea (1995): Geschlecht als Existenzweise. Frankfurt a.M.: Helmer.

Mayring, Philipp (1993): Einführung in die qualitative Sozialforschung (2., überarbeitete Aufl.). Weinheim: Beltz Verlag.

Mayring, Philipp (2000). Qualitative Inhaltsanalyse. Grundlagen und Techniken (7. Aufl.). Weinheim: Beltz Verlag.

Rommelspacher, Birgit (1992): Mitmenschlichkeit und Unterwerfung. Zur Ambivalenz der weiblichen Moral. Frankfurt a.M.: Campus.

Rossilhol, Jean-Baptiste (2002): Sexuelle Gewalt gegen Jungen. Dunkelfelder. Marburg: Tectum.

Roth, Susan/Newman, Elana (1991): The Process of Coping with Trauma. Journal of Traumatic Stress, 4 (2), 279-297.

Russel, Diana E. H. (1986): The Secret Trauma. Incest in the Lives of Girls an Women. New York: Basic Books.

Seagull, Elizabeth A./Seagull, Arthur A. (1991): Healing the wound that must not heal: psychotherapy with survivors of domestic violence. Psychotherapy 28 (1), 16-20.

Sieverding, Monika/Alfermann, Dorothee (1992): Geschlechtsrollen und Geschlechtsrollenstereotype. Instrumentelles (maskulines) und expressives (feminines) Selbstkonzept: ihre Bedeutung für die Geschlechtsrollenforschung. Zeitschrift für Sozialpsychologie, 23, 6-15.

Trautner, Hanns Martin (1991): Lehrbuch der Entwicklungspsychologie. Band 2. Göttingen: Hofgrefe Verlag.

West, Candace/Zimmermann, Don H. (1987): Doing Gender. Gender & Society, 1, 125-151.

Witzel, Andreas (1982): Verfahren der qualitativen Sozialforschung. Überblick und Alternativen. Frankfurt a.M./New York: Campus.

Susanne Gerull

Präventive Hilfen zum Erhalt der Wohnung bei Mietschulden
Ergebnisse einer empirischen Studie in einem Berliner Sozialamt

1   Ausgangssituation und methodisches Vorgehen

M it der 2002 an der Freien Universität Berlin eingereichten Dissertation wurden erstmalig alle Aspekte des Problems „drohender Wohnungsverlust durch Mietschulden" in Bezug auf das behördliche Hilfesystem systematisiert und in einen – auch sozialpolitischen – Zusammenhang gestellt. Ziel war ein Praxis-Theorie-Praxis-Transfer durch den kombinierten Blickwinkel von Sozialarbeit und Sozialwissenschaft. Im vorliegenden Aufsatz werden die wesentlichen Ergebnisse der Forschung vorgestellt und auf ihre aktuelle Relevanz geprüft. Nach einer kurzen Problembeschreibung werden die Fragestellung der Studie sowie das methodische Vorgehen erläutert. Es werden drei grundlegende Thesen als Ergebnis der Arbeit aufgestellt, die darauf folgend näher erörtert werden. Der Aufsatz schließt mit Empfehlungen zur Umstrukturierung des Hilfesystems.

Mietschulden und ihre Folgen sind nicht nur ein individuelles, sondern auch ein sozial-, wohnungs- und finanzpolitisches Problem. Etwa 30-50 % derjenigen, die eine Räumungsklage aufgrund von Mietschulden erhalten, werden im Zuge des Verfahrens aus ihren Wohnungen geräumt (Specht-Kittler 2000, S. 97).[1] Dies bedeutet neben dem erheblichen finanziellen Problem für die Gesellschaft durch die Unterbringungsverpflichtung der Kommunen vor allem massive psychosoziale Folgen für die wohnungslos werdenden Betroffenen. Zentrale Fragestellung der Arbeit war daher, welche behördlichen Hilfemaßnahmen und Interventionsmethoden geeignet sind, drohenden Wohnungsverlust aufgrund von Mietschulden dauerhaft abzu-

---

1   Neuere Zahlen hierzu liegen nicht vor.

wenden. Forschungsdesign war eine Evaluation als Instrument der Generierung von Erfahrungswissen. Im Sinne einer Wirkungsanalyse nach Kromrey (Kromrey 1998) wurde exemplarisch das Wohnungssicherungskonzept der Sozialen Wohnhilfe Mitte von Berlin untersucht. Im Rahmen der Evaluation wurde eine ausführliche Dokumentenanalyse mit einer umfassenden statistischen Analyse des Mietschuldjahrgangs 1997 sowie einer Untersuchung der Rahmenbedingungen der Wohnungssicherungsarbeit verknüpft. Die Auswertung der insgesamt 558 Akten[2] erfolgte mit der Software SPSS.

2 Die wesentlichen Ergebnisse

Folgende Thesen konnten als Ergebnis der Forschung formuliert werden:

These 1

Die gesetzlichen Grundlagen ermöglichen umfassende und nachhaltige Hilfen zur Vermeidung von Wohnungsverlusten durch Mietschulden. Durch ein uneinheitliches und oft unzweckmäßiges Vorgehen des Hilfesystems sowie die Verschärfung des sozialpolitischen Klimas in der Bundesrepublik werden jedoch Betroffene in erheblichem Ausmaß wohnungslos.

These 2

Die Hilfe suchenden Mietschuldner/innen sind von vielfältigen und häufig kumulierten Armutslagen betroffen. Das behördliche Hilfesystem kann diese aufgrund seiner mangelnden Flexibilität und den administrativen Bedingungen vor Ort nicht im Sinne einer ganzheitlichen Wahrnehmung ihrer Klientel erkennen.

These 3

Eine kurzfristige Überwindung von Armut ist nur im Bereich der Einkommensarmut möglich. Bei massiven immateriellen Notlagen wie Suchtmittelabhängigkeit oder Arbeitslosigkeit sind die Selbsthilfestrategien der Betroffenen jedoch oft so weit eingeschränkt, dass eine Bewältigung oh-

---

2 In die Analyse flossen nur Haushalte ohne minderjährige Kinder ein, da für Familien mit Mietschulden das Jugendamt zuständig war.

ne fremde Hilfe nicht mehr möglich ist. Hierfür müssen nachhaltige Hilfen durch freie Träger installiert werden.

2.1 Das behördliche Hilfesystem

Das behördliche Hilfesystem zur Vermeidung von Wohnungsverlusten ist überwiegend umständlich und oft kontraproduktiv organisiert. So waren bereits zum Zeitpunkt der Untersuchung meist mehrere Abteilungen aus unterschiedlichen Ämtern der jeweiligen Kommune mit Aufgaben der Wohnungsnotfallhilfe befasst. Mit der Sozialreform (,Hartz IV') 2005 hat sich die Situation noch verschärft, denn nunmehr sind Sozialämter (Kommunen) und Jobcenter (Arbeitsagentur) für die Beratung und ggf. Entschuldung der Betroffenen zuständig und Expert(inn)en gehen davon aus, dass die Reformen „das Wohnungsnotfallrisiko von Langzeitarbeitslosen insgesamt erhöht" haben (Busch-Geertsema/Evers 2007, S. 15). Trotz der gleichlautenden Sollvorschrift in den jeweils gesetzlichen Grundlagen wird bundesweit sehr uneinheitlich und teilweise sehr restriktiv über die Entschuldungsanträge entschieden, obwohl der Gesetzgeber mit der Sollvorschrift bereits 1996 nicht die Ablehnung, sondern die Gewährung der Hilfe zum Regelfall erklärt hat (vgl. Gerull 2001).

Wird dem Hilfesystem ein Fall von drohendem Wohnungsverlust bekannt, sind sehr unterschiedliche Interventionsmethoden zur Kontaktaufnahme möglich, um den Betroffenen ein Hilfeangebot unterbreiten zu können. Die meisten Kommunen erfüllen ihre Beratungs- und Hinweispflicht jedoch nur notdürftig, indem Vordruckschreiben an die vom Wohnungsverlust bedrohten Haushalte versandt werden. Werden Hausbesuche durchgeführt, erfolgt ihr Einsatz oft planlos und unmethodisch. Häufig sind sie nur letztes Mittel zur Kontaktaufnahme vor der bereits angesetzten Wohnungsräumung und dementsprechend wirkungslos. Durch die Zuständigkeit der Jobcenter für Bezieher/innen von Arbeitslosengeld II gibt es aktuell so gut wie keine aufsuchenden Hilfen mehr.

Wie in der ersten These formuliert wurde, kann also festgestellt werden, dass das behördliche Hilfesystem heute wie damals die vielfältigen Möglichkeiten zur Vermeidung von Wohnungsverlusten durch Mietschulden nicht annähernd nutzt, sondern meist unflexibel und unmethodisch vorgeht.

Die im Rahmen der Dissertation evaluierte Soziale Wohnhilfe Mitte hob sich dagegen vom bundesweiten Standard ab, indem Mietschuldner(inne)n frühzeitig Hilfeangebote gemacht wurden und Hausbesuche als Regelintervention bereits im Stadium einer fristlosen Kündigung durchgeführt wurden. Durch eine großzügige Übernahmepraxis verhinderte sie in erheblichem Umfang die Entstehung neuer Wohnungslosigkeit. Die materielle Hilfe war allerdings häufig nicht nachhaltig genug im Sinne einer *dauerhaften* Wohnungssicherung, denn 1/3 der Entschuldeten gerieten in den maximal drei Jahren zwischen der Übernahme ihrer Mietschulden und dem Datenerhebungszeitpunkt erneut in Mietrückstände. Somit funktionierte die Soziale Wohnhilfe vor allem als ,effektive Feuerwehr'.

2.2 Rahmenbedingungen der Hilfe

Ursachen für das Entstehen von Mietschulden sind in der Regel Krisen und Brüche in mehreren Lebensbereichen. Selten können dabei rein materielle Ursachen festgestellt werden. Daneben fördern strukturelle Rahmenbedingungen wie beispielsweise zu hohe Mieten, Massenarbeitslosigkeit sowie verdeckte Armut durch ein wenig transparentes Hilfesystem die Entstehung von Mietschulden. Durch die Erosion der sogenannten Normalarbeitsverhältnisse (Vollzeit bis zur Rente) wandelte sich Sozialhilfe vom ,letzten Netz' zu einem Regelleistungssystem sozialer Sicherung. Auch die massive Umstrukturierung im Rahmen von ,Hartz IV' konnte dies nicht verändern, denn auch das neugeschaffene Arbeitslosengeld II wird eben nicht nur kurzfristig bis zur Vermittlung eines Arbeitsplatzes gewährt wie vom Gesetzgeber intendiert. Der Fokus der Verantwortlichen liegt aber noch immer auf dem angeblich massenhaften Missbrauch von Sozialleistungen, um damit Einschnitte im sozialen Netz zu begründen. Dabei wächst auch in der Bundesrepublik die Zahl der sogenannten ,working poor', die den Lebensunterhalt für sich und ihre Familien trotz Arbeit nicht ausreichend finanzieren können (vgl. Bundesagentur 2007).

Der Umbau bzw. Abbau des Sozialstaats schreitet voran. Wie Butterwegge bereits vor Jahren anschaulich belegte, soll der Marktprozess nicht mehr durch sozialstaatliche Leistungen und Angebote kompensiert werden. Vielmehr ist das Ziel, den Sozialstaat der marktwirtschaftlichen Logik anzupassen (vgl. Butterwegge 2001, S. 102ff. sowie aktuell Butterwegge 2005). Offensichtlich existiert seit Jahren eine gesamtgesellschaftliche Strategie, die auf Polarisierung statt Integration setzt und Armut zum selbstverschuldeten Schicksal umdefiniert. Das sozialpolitische Klima beeinflusst dabei erheblich die Praxis der Hilfegewährung von Sozialleistungen. Für Mietschuldner/innen bedeutet dies häufig, dass ihnen der Missbrauch von Entschuldungshilfen des Sozialhilfeträgers unterstellt wird. Wie die hier vorgestellte Untersuchung von mehr als 500 Mietschuldfällen ergab, kann ein Missbrauch des Hilfesystems bei Mietschulden jedoch keinesfalls festgestellt werden. Vielmehr waren die Hilfesuchenden in einem unerwartet hohen Ausmaß von kumulierten Armutslagen betroffen. Als theoretische Grundlage der Dissertation wurde daher die neuere Armutsforschung gewählt.

2.3 Armut im Kontext von Mietschulden

Armut wird in der vorgestellten Studie als *Kumulation von Unterversorgungslagen bzw. sozialen Benachteiligungen* definiert (vgl. Gerull 2007; Dietz 1997). Armut stellt nach dieser Sichtweise einen Zustand stark eingeschränkter Interessenverwirklichung dar. Einkommensarmut wird dabei als Schlüsselmerkmal von Armut angesehen, denn ohne ein ausreichendes Einkommen findet auch der Ausschluss auf den immateriellen Ebenen gesellschaftlicher Teilhabe statt. Darüber hinaus müssen nach dem der neueren Armutsforschung zugrunde liegenden Lebenslagenkonzept auch immaterielle Dimensionen wie Lebensbedingungen und Lebensqualität in die Betrachtung einbezogen werden.

Lebenslagenbereich	Armutspotenziale im Mietschuldenkontext
Einkommen	relative Armut Sozialhilfebedürftigkeit hohe Mietbelastungsquote
Arbeit	Arbeitslosigkeit Armut trotz Arbeit
Gesundheit	Suchtmittelabhängigkeit Psychische Auffälligkeiten bzw. Erkrankungen
Bildung[3]	fehlender Bildungsabschluss Abwertung ostdeutscher Berufsbiografien
Konsum	Verschuldung Überschuldung
Wohnen	unzumutbare Wohnverhältnisse hohe Wohnkosten drohender Wohnungsverlust

Dies hat Konsequenzen für das professionelle Hilfesystem: Es muss ein multidimensionales Verständnis von Armut entwickeln, um Armutslagen überhaupt erfassen und zu ihrer Überwindung beitragen zu können. Ob der Sozialen Wohnhilfe dies in ihrer täglichen Praxis gelungen ist, sollte mit der statistischen Analyse des Mietschuldjahrgangs 1997 überprüft werden.

2.4 Die Klientel

Insgesamt unterschied sich die Zusammensetzung der 558 untersuchten Haushalte erheblich von der Bevölkerung des Bezirks Mitte. So konnte eine eindeutige Dominanz von Arbeitslosen sowie alleinstehenden Männern festgestellt werden. Alarmierend war das Suchtverhalten der untersuchten Haushalte: Knapp 16 % waren Suchtmittelmissbraucher/innen bzw. abhängig im Krankheitssinne – in der Normalbevölkerung dagegen wurde der Anteil zum damaligen Zeitpunkt

---

3 Dieser Lebenslagenbereich konnte im Rahmen der Aktenanalyse nicht erfasst werden.

bundesweit auf 2-5 % geschätzt (DHS 2001, S. 1). In jedem neunten Haushalt war eine Person psychisch beeinträchtigt, was in vielen Fällen zur Einleitung einer Betreuung nach dem Betreuungsgesetz (BtG) führte.

Mit Hilfe diverser statistischer Verfahren konnte eine Typologie der Mietschuldhaushalte anhand ihrer materiellen und immateriellen Armutslagen entwickelt werden. Ziel war, über die Beschreibung der Klientel hinaus zu überprüfen, ob die Selbsthilfestrategien der Betroffenen durch ihre spezifischen Armutslagen eingeschränkt wurden. Für die immateriellen Armutslagen wurde ein Index aus den Kriterien Arbeitslosigkeit, Suchtmittelabhängigkeit und psychische Beeinträchtigung gebildet. Andere immaterielle Unterversorgungsschwellen konnten den Akten nicht entnommen werden. Dies ist ein Indiz dafür, dass die Armutslagen der Klient(inn)en von den Sozialarbeiter(inne)n nur unzureichend erfasst werden konnten. Das Ergebnis der Berechnungen war frappierend: Nur 6 % der untersuchten Haushalte wiesen keine der definierten Armutslagen auf. Knapp 60 % dagegen waren sogar von kumulierten materiellen *und* immateriellen Armutslagen betroffen. 17 % bzw. 18 % befanden sich entweder in immateriellen oder materiellen Notlagen. Eine bundesweit durchgeführte Untersuchung zur Präventionsarbeit kam 2005 zu ganz ähnlichen Ergebnissen, was den Unterstützungsbedarf der von Wohnungslosigkeit bedrohten Menschen angeht (Busch-Geertsema u.a. 2005, S. 30f.). Dies stützt die zweite These, nach der Mietschuldner/innen damals wie heute von vielfältigen und häufig kumulierten Armutslagen betroffen sind.

Die o.g. Armutstypen unterschieden sich dabei deutlich voneinander. Materielle Armutslagen waren häufig von verstärkten Statuseskalationen im Mietschuldverfahren begleitet, hier kam es beispielsweise oft zu einer Räumungsklage, obwohl der Kontakt zur Sozialen Wohnhilfe bereits zum Zeitpunkt der Kündigung bestand. Paradoxerweise gelang es diesen Haushalten aber eher, ihr Mietschuldenproblem ohne finanzielle Hilfe des Sozialamtes zu lösen als Menschen, die eine oder mehrere *immaterielle* Notlagen aufwiesen.

Bei den Haushalten in immateriellen Armutslagen kam es dagegen überproportional häufig zu wiederholten Mietschulden und erhöhten Kontaktabbrüchen im Beratungsverfahren. Dabei konnte festgestellt werden, dass umso mehr Mietschuldfälle für einen Haushalt erfasst waren, je häufiger ein Suchtproblem vorlag. Die durch andere Studien gestützte Annahme hierzu ist, dass frühere Entschuldungen mit einer Lösung des Suchtproblems gleichgesetzt wurden und daher keine Verhaltensänderungen erfolgten (z. B. Schenk 1998, S. 42). Vor allem psychosoziale Beeinträchtigungen schwächen also das Selbsthilfepotenzial. Nach der dritten o.g. These ist eine kurzfristige Überwindung von Armut daher nur im Bereich der Einkommensarmut möglich, indem den Hilfesuchenden zustehende Transferleistungen vermittelt werden. Immaterielle Armut kann ohne weitergehende professionelle Hilfe jedoch oftmals nicht überwunden werden.

Wie die Analyse des Hilfesystems gezeigt hat, sind die Mitarbeiter/innen schon aufgrund der Bedingungen im behördlichen Arbeitskontext zum größten Teil gar nicht in der Lage, auf die vielfältigen Armutslagen und damit Bedürfnisse ihrer Klientel adäquat zu reagieren. Es wurden daher als Ergebnis der Arbeit Empfehlungen für die Umstrukturierung des Hilfesystems erarbeitet, die nachfolgend dargestellt werden.

3 Empfehlungen zur Umstrukturierung des Hilfesystems

Die wesentlichen Empfehlungen aufgrund der Arbeitsergebnisse waren die

- Entwicklung einer Strategie zur Vermeidung von Wohnungsverlusten,
- Umstrukturierung und Vereinheitlichung des Hilfesystems,
- wohnungspolitische Einflussnahme,
- Ergänzung der Einzelfallhilfe durch Beteiligung an sozialpolitischen Entscheidungen,
- Installation aufsuchender Hilfen als Regelintervention bei Mietschulden,
- Umstrukturierung der behördlichen Sozialdienste zu Clearingstellen sowie die
- Delegation der langfristigen Unterstützungsarbeit an freie Träger.

Diese Empfehlungen sind auch fünf Jahre nach Abschluss der Arbeit und einer anschließenden umwälzenden Reform des Sozialhilferechts noch aktuell, durch die immer deutlicher zutage tretenden Mängel in der Präventionsarbeit der Arbeitsagenturen ist ihre Umsetzung sogar noch drängender geworden. So hat der Arbeitskreis Wohnungsnot in einem Statement zur geplanten Neufassung der offiziellen Leitlinien der Wohnungslosenhilfe und -politik in Berlin im Juli 2007 ganz ähnliche Forderungen nach einer Vereinheitlichung der Verwaltungspraxis sowie einer zentralen gesamtstädtischen Wohnungslosenhilfeplanung aufgestellt (AKWO 2007), und eine aktuelle Untersuchung schildert positive Erfahrungen mit der Übernahme der psychosozialen Hilfen im Rahmen des SGB II für Wohnungslose und Mietschuldner/innen durch freie Träger (Busch-Geertsema/Evers 2007, S. 23).

Literatur

AKWO: Arbeitskreis Wohnungsnot (2007): Statements des Arbeitskreises Wohnungsnot. Tischvorlage 11.07.07/Erste Diskussion zu den Leitlinien. http://www.ak-wohnungsnot.de/home/pdfs/0707_Statements_Leitlinien.pdf (29.08.07)

Bundesagentur (2007): Gemeinsame Pressemitteilung des Bundesministeriums für Arbeit und Soziales, des Deutschen Städtetages und der Bundesagentur für Arbeit. Presse Info 052 vom 26.07.2007. http://www.arbeitsagentur.de/nn_27042/zentraler-Content/Pressemeldungen/2007/Presse-07-052.html (29.08.07).

Busch-Geertsema, Volker/Evers, Jürgen/Ruhstrat, Ecke-Ulf (2005): Wirksamkeit persönlicher und wirtschaftlicher Hilfen bei der Prävention von Wohnungslosigkeit. Untersuchung im Rahmen des Forschungsverbundes „Wohnungslosigkeit und Hilfen in Wohnungsnotfällen". http://www.giss-ev.de/pdf/GISSWirksamkeit Praevention02_2005.pdf (17.09.07).

Busch-Geertsema, Volker/Evers, Jürgen (2007): Auswirkungen von Hartz IV auf die Hilfen in Wohnungsnotfällen. Erste Zwischenergebnisse einer Untersuchung im Auftrag des Diakonischen Werkes Schleswig Holstein. wohnungslos, Nr. 1/07, 15-25.

Butterwegge, Christoph (2001): Wohlfahrtsstaat im Wandel. Probleme und Perspektiven der Sozialpolitik. 3., überarb. Aufl. Opladen: Leske + Budrich.

Butterwegge, Christoph (2005): Krise und Zukunft des Sozialstaates. 2. durchgesehene Aufl. Wiesbaden: VS Verlag für Sozialwissenschaften.

DHS: Deutsche Hauptstelle gegen die Suchtgefahren e.V. (2001): Zahlen und Fakten in Kürze. http://www.dhs.de/basis/zahlen.htm (03.05.2001).

Dietz, Berthold (1997): Soziologie der Armut: eine Einführung. Frankfurt a.M./New York: Campus.

Gerull, Susanne (2001): 5 Jahre § 15a BSHG – außer Spesen nichts gewesen? wohnungslos, Nr. 1/01, 15-18.

Gerull, Susanne (2007): Armut in Deutschland. Aktuelle Trends und Herausforderungen für die Soziale Arbeit. Alice, Nr. 14/2007, 31-33

Kromrey, Helmut (1998): Empirische Sozialforschung. 8. Aufl. Opladen: Leske + Budrich.

Schenk, Liane (1998): Wohnungslose und von Wohnungslosigkeit Bedrohte in Berlin – Eine Planungsstudie zur Vorbereitung und Einschätzung von beruflichen (Re-)Integrationsmaßnahmen. Berlin: Intersofia.

Specht-Kittler, Thomas (2000): Die Schätzung der Zahl der Wohnungslosen in Deutschland 1994-1999. Zur Methodik des Indikatorenmodells der Fortschreibung. wohnungslos, Nr. 3/00, 93-100.

Chris Lange

Zunehmende Kooperation nach kontroversem Beginn – der Lernprozess der Freien Wohlfahrtspflege mit der europäischen Integration[1]

Die Verbände der Freien Wohlfahrtspflege in Deutschland, d.h. Arbeiterwohlfahrt, Caritasverband, Diakonisches Werk, Deutsches Rotes Kreuz, Paritätischer Wohlfahrtsverband und die Zentralwohlfahrtsstelle der Juden sind sowohl wichtige Träger sozialer Dienstleistungen (mit ca. zwei Millionen Angestellten) als auch – und das unterscheidet sie von vergleichbaren Organisationen in den meisten anderen EU-Mitgliedstaaten – wichtige Akteure in der Politik. Zu den zahlreichen Herausforderungen, denen sie sich in den letzten zwei Jahren gegenübersahen, gehört auch die europäische Integration. Während das Alltagsgeschäft der meisten sozialen Einrichtungen davon noch wenig berührt bleibt (Radtke 2003), haben die Spitzenverbände eine enge Zusammenarbeit ihrer EU-ReferentInnen etabliert, denn immer mehr soziale Politikfelder stehen auf der europäischen Agenda: Kampf gegen Armut und Ausgrenzung, Jugend, soziale Sicherung, Gesundheitsversorgung und Langzeitpflege, Drogen, Menschen mit Behinderung, Beschäftigung benachteiligter Personen, Gewalt gegen Frauen und Kinder, Menschenhandel, Diskriminierung, Asyl und Migration. Wenn auch schleichend und fast unmerklich, so ändern sich doch die institutionellen, rechtlichen und politischen Rahmenbedingungen der Wohlfahrtsverbände durch den europäischen Einigungsprozess. Dies zeigt in diesem Artikel zunächst ein kurzer Rückblick auf das Verhältnis der Wohlfahrtsverbände und ,Europa'[2] (1), bevor skizziert wird, welche Bedeutung ,Europa' für die

---

1   Überarbeitete und aktualisierte Fassung des Artikels „Sozial oder wirtschaftsliberal? Europäische Integration und die Wohlfahrtsverbände", erschienen in: sozial extra, 9/2004, S. 30-32

2   ,Europa' steht in diesem Beitrag in Anführungszeichen, um anzudeuten, dass es nicht um alle drei Säulen der EU geht, sondern um die erste Säule der EU – derje-

Wohlfahrtsverbände in ihrer Funktion als Anbieter sozialer Dienstleistungen hat (2).[3] Die Wohlfahrtsverbände sind jedoch auch in ihrer sozialanwaltlichen Funktion gefordert, indem sie sich im europäischen Kontext für die Belange ihrer KlientInnen/PatientInnen und ihrer Mitgliedseinrichtungen einsetzen. Dies geschieht teilweise vor Ort in Brüssel, aber auch auf nationaler Ebene und ist besonders in denjenigen Arbeitsfeldern aktuell, in denen die ‚offene Methode der Koordinierung' (oder ‚Methode der offenen Koordinierung') Anwendung findet, die im letzten Abschnitt (3) thematisiert wird.

1 Das Verhältnis Wohlfahrtsverbände und ‚Europa': kontroverser Beginn

Bis Ende der 1980er Jahre hatten sich die Wohlfahrtsverbände in Deutschland wenig um die europäische Entwicklung gekümmert. Zwei Veröffentlichungen bewirkten jedoch, dass sich das änderte: Zum einen eine Studie der Prognos-AG aus dem Jahr 1991, die den Verbänden bescheinigte, für den 1993 anstehenden Binnenmarkt „nur unzureichend gerüstet" zu sein (Prognos 1991, S. 31), und zum anderen eine rechtlich unverbindliche Mitteilung der Europäischen Kommission über die „Unternehmen der Economie Sociale und die Schaf-

---

nigen, die bis zum Vertrag von Lissabon Ende 2007 Europäische Gemeinschaft hieß. Die zweite ist die Gemeinsame Außen- und Sicherheitspolitik, die dritte die polizeiliche und justizielle Zusammenarbeit in Strafsachen. Im Vertrag von Lissabon wurde horizontal der Begriff Europäische Gemeinschaft/en durch Europäische Union ersetzt. Die drei Säulen sind zunehmend miteinander verzahnt und der Übergang von Politikfeldern in die erste Säule ist möglich, aber nur in der ersten Säule haben die Mitgliedstaaten nationale Kompetenzen an die europäische Politikebene abgegeben, in dem sie jedoch selbst das höchstes Gremium, den Europäischen Rat, sowie neben dem Europäischen Parlament das wichtigste Entscheidungsgremium, den Ministerrat, stellen.

3   Grundlage für diese beiden Abschnitte ist meine Dissertation (Lange 2001). Darin war die leitende Fragestellung, ob und wie sich die politische Stellung der Wohlfahrtsverbände auf der nationalen Politikebene durch die europäische Integration verändert hat. Damit habe ich mit meiner Dissertation eine Schnittstelle von Wohlfahrtsverbändeforschung und Europäische Integrationsforschung bearbeitet, die weitgehend unbeforscht war. Methodisch basiert die Dissertation auf Literatur- und Dokumentenanalyse ergänzt durch Interviews mit ExpertInnen.

fung des europäischen Marktes ohne Grenzen" (SEK(89) 2187 endg.). Vor allem die Mitteilung ließ die Wohlfahrtsverbände befürchten, dass mit der französischen ,économie sociale' das gesamte System der Wohlfahrtsproduktion in Deutschland, insbesondere das Subsidiaritätsprinzip und der bedingte Vorrang der Wohlfahrtsverbände, zur Disposition gestellt würde. Mehrere Versuche der Kommission in den darauf folgenden Jahren, die Wohlfahrtsverbände (und vergleichbare Organisationen in den anderen Mitgliedstaaten) mit Hilfe verbindlicher Regelungen in ihren wirtschaftlichen Kompetenzbereich zu ziehen, blieben erfolglos, denn der Europäische Ministerrat, in dem die Vertreter der Mitgliedstaaten letztlich über europäisches Recht entscheiden, lehnte entsprechende Vorlagen ab. Dies war nicht zuletzt der Lobbyarbeit der Verbände geschuldet, die darüber hinaus noch einen weiteren, politischen Erfolg verbuchen konnten: 1992 wurde die so genannte Wohlfahrtsverbändeerklärung (Erklärung Nr. 23) in den Anhang des Maastrichter Vertrags aufgenommen. Darin steht, dass zur Erreichung der im EG-Vertrag festgelegten sozialen Ziele die Zusammenarbeit mit den „Verbänden der Wohlfahrtspflege und den Stiftungen als Träger sozialer Einrichtungen und Dienste von großer Bedeutung ist".

Nachdem die Kommission damit gescheitert war, durch rechtliche Regelungen Einfluss auf soziale, gemeinnützige Organisationen zu erlangen, änderte sie ihre Strategie und strebte nun einen partnerschaftlichen Dialog und eine Institutionalisierung der Zusammenarbeit mit den sozialen Nichtregierungsorganisationen an. Dazu kristallisierte sich in den letzten Jahren die Platform of European Social Nongovernmental Organisations (NGO) (www.socialplatform.org) heraus, in der über 40 Organisationen zusammen geschlossen sind: neben Organisationen wie dem European Network against Racism (ENAR) oder dem European Anti-Poverty Network (EAPN), in dem die Wohlfahrtverbände vertreten sind, auch die europäischen Dachorganisationen der Wohlfahrtsverbände wie EuroCaritas, EuroDiakonia und Solidar, der die AWO angehört. Die Sozialplattform ist seit geraumer Zeit als Gesprächspartnerin der Kommission anerkannt und in einen regelmäßigen Konsultationsprozess eingebunden.

2 Europäischer Integrationsprozess: zunehmende Relevanz für Anbieter sozialer Dienstleistungen

‚Europa' wird für die Wohlfahrtsverbände und für den gesamten Sozial- und Gesundheitssektor deshalb immer bedeutsamer, weil die nationale Entwicklung in Deutschland den Weg für die mögliche Geltung europäischer Regelungen ebnete, die die Mitgliedstaaten für den Wirtschaftssektor geschaffen hatten. Denn: Je stärker der Sozialsektor nach marktlichen Kriterien strukturiert ist, desto deutlicher ist eine ‚Markt'öffnung einschließlich grenzüberschreitender Leistungen zu verzeichnen und desto eher greifen europäische Regelungen. In der Tat ist eine solche marktähnliche Ausgestaltung des Sozialsektors im letzten Jahrzehnt in vielen sozialen Arbeitsfeldern erfolgt, indem wettbewerbskonstruierende Elemente eingeführt wurden: öffentliche Ausschreibungen, Leistungsvereinbarungen, Kontraktmanagement, kommerzielle Konkurrenz. Im Gesundheitssektor, der stärker als der sehr heterogene Sozialsektor marktförmig strukturiert ist, belegen EuGH-Urteile, wie durchlässig die nationalen Grenzen bereits geworden sind: z.B. die Übernahme der Kosten für eine Brille aufgrund des freien Warenverkehrs bzw. einer Zahnbehandlung aufgrund des freien Dienstleistungsverkehrs auch ohne vorherige Genehmigung der Zuständigen oder die Kostenübernahme durch die Krankenkasse des Wohnstaats für eine Krankenhausbehandlung mit medizinisch noch nicht anerkannten Methoden in einem anderen Mitgliedstaat. Eine ähnliche Entwicklung ist auch für soziale Dienstleistungen denkbar.

Über viele Jahre – im Grunde seit der ersten Mitteilung der Kommission im Jahr 1989 – ist ein politischer Aushandlungsprozess zwischen ‚Europa', insbesondere der Europäischen Kommission, den Mitgliedstaaten und sozialen Organisationen wie den Wohlfahrtsverbänden im Gange (Schulte 2002). Ein ‚Verhandlungsgegenstand' waren und sind die ‚Dienstleistungen von allgemeinem Interesse' (im Deutschen auch ‚Daseinsvorsorge' genannt). Die Mitteilung, das Grünbuch und das Weißbuch[4] zu ‚Dienstleistungen von allgemeinem

---

4   Das Grünbuch ist ein Kommunikationsinstrument der Kommission, in dem sie ihre Position zu einem größeren Themenkomplex darlegt (eine Mitteilung dagegen nur für einen begrenzten Themenbereich). Alle staatlichen und nicht-staatlichen Akteu-

Interesse' kreisen letztlich um die Frage, ob die Tätigkeiten sozialer Organisationen im europarechtlichen Sinne ‚wirtschaftlich' oder ‚nicht-wirtschaftlich' sind und damit immer um die Reichweite der Kompetenzen der Kommission. Die Mitteilung der Kommission ‚*Sozial*dienstleistungen von allgemeinem Interesse' (Hervorhebung CL) von 2006 war ein wichtiger Schritt. Darin nähert sich die Kommission der Meinung der sozialen Organisationen sehr weit an, eine besondere Stellung zu haben und nicht mit kommerziellen Unternehmen gleich gesetzt werden zu können (Schlüter/Scholz 2007). Aber dieser politische Aushandlungsprozess ist noch nicht beendet. So wurden eine öffentliche Konsultation zu Gesundheitsdienstleistungen[5] und eine Befragung zu Sozialdienstleistungen[6] durchgeführt und für Ende 2007 hat die Kommission angekündigt, einen Vorschlag für europäische Maßnahmen zu Gesundheitsdienstleistungen sowie eine weitere Mitteilung zu Sozialdienstleistungen vorzulegen.

3 Ein ‚weiches' europäisches Politikinstrument: Die Methode der offenen Koordinierung

Die Anwendung der ‚Methode der offenen Koordinierung' bietet die Chance, gemeinsam an einem sozialen ‚Europa' zu arbeiten – aber hierbei nicht in institutioneller, sondern in inhaltlicher Weise. Bei dieser Methode legt i.d.R. der Europäische Rat, das aus den Staats- und Regierungschefs bestehende höchste Gremium der EU, gemeinsame Ziele und Strategien für ein politisches Problem fest, bei dem erkannt wurde, dass es gemeinsam angegangen werden muss. Die Mitgliedstaaten erarbeiten dann zweijährige nationale Aktionspläne, wie diese Ziele erreicht werden sollen, und die Kommission koordiniert und evaluiert den Prozess. Gemeinsame Indikatoren und ein umfassendes Berichts-

---

re auf europäischer, nationaler und subnationaler politischer Ebene sind aufgefordert, dazu Stellung zu nehmen. Daraus kann dann ein Weißbuch, d.h. letztlich ein europäisches Aktionsprogramm, entstehen.

5 http://ec.europa.eu/health/ph_overview/co_operation/mobility/community_ framework_de.htm, 19.9.2007

6 Siehe http://ec.europa.eu/employment_social/social_protection/questionnaire_ de.htm, 19.9.2007

wesen einschließlich Beispielen von best practice sollen allmählich dazu führen, dass die Ziele erreicht werden und die Mitgliedstaaten voneinander ,lernen'. Diese Methode wird inzwischen in mehreren Politikfeldern angewandt, die den Sozialbereich direkt betreffen: Beschäftigung, Armut und Ausgrenzung (nun erweitert um Sozialschutz und soziale Eingliederung), Alter und Rente, Gesundheit, Jugend, Migration und Asyl (Benz/Boeck/Huster 2003). Bei der offenen Koordinierung bleiben die nationalen Zuständigkeiten bestehen, aber die Kommission verfasst gemeinsam mit einem hochrangigen, speziell dafür eingesetzten Ausschuss einen Bericht auf der Grundlage der nationalen Berichte, der vom Europäischen Rat gebilligt werden muss und der das europäische Aktionsprogramm darstellt. Im März 2006 verabschiedete der Europäische Rat einen neuen Rahmen für den Bereich Sozialschutz und Soziale Eingliederung, d.h. zu sozialer Eingliederung, zu Renten, Gesundheitsdiensten sowie Langzeitpflege, und formulierte die Ziele neu.[7]

Bei den nationalen Aktionsplänen, die oft die Politik des jeweiligen Landes widerspiegeln (z.B. in der Bundesrepublik die Agenda 2010), können und sollten sich die Wohlfahrtsverbände in ihrer sozialanwaltlichen Funktion einbringen. Daneben haben sie jedoch auch die Aufgabe, mit für eine schlagkräftige und starke Interessenvertretung auf der europäischen Ebene zu sorgen.

Schlussbemerkung

Obwohl bislang noch keine konkreten europäischen Regelungen für die Wohlfahrtsverbände bestehen, zeitigt die europäische Integration doch schleichende Auswirkungen auf den gesamten Sozialsektor, dessen zunehmend marktähnliche Ausgestaltung einen guten Nährboden bietet. Für die Wohlfahrtsverbände stellt sich verstärkt die Aufgabe, sowohl inhaltlich im Sinne ihrer KlientInnen und PatientInnen auf staatlicher Ebene Einfluss – z.B. auf die nationalen Aktionspläne – zu nehmen als auch auf supranationaler Ebene, ,in Brüssel', an einer starken Interessenvertretung sozialer Organisationen der in-

---

7   Details unter: http://ec.europa.eu/employment_social/social_inclusion/objectives_de.htm, 10.9.2007

zwischen 27 EU-Mitgliedstaaten mitzuwirken. Für beides sind Sozial-
arbeiterInnen vor Ort wichtige TrägerInnen von Informationen und
Wissen, denn sie sind es, die als erste erkennen, wie sich politische
Maßnahme für die Menschen auswirken, wie sie den Alltag und die
Lebensbedingungen verändern.

Literatur

Benz, Benjamin/Boeck, Jürgen/Huster, Ernst-Ulrich (2003): Nationale
Aktionspläne gegen Armut und soziale Ausgrenzung – ein neuer
Anlauf für ein sozialeres Europa? In: Theorie und Praxis der Sozi-
alen Arbeit, Heft Nr. 5, S. 43-50

Lange, Chris (2001): Freie Wohlfahrtspflege und europäische Integration. Wohlfahrtsverbände zwischen Marktangleichung und sozialer Verantwortung, Frankfurt a.M.: Eigenverlag des Deutschen
Vereins für öffentliche und private Fürsorge.

Prognos AG (1991): Freie Wohlfahrtspflege im zukünftigen Europa,
Studie im Auftrag der Bank für Sozialwirtschaft, Teil 1: Heraus-
forderungen und Chancen im Europäischen Binnenmarkt, Köln/
Berlin: Bank für Sozialwirtschaft.

Radtke, Kristina (2003): Der Einfluss der EU auf die Jugendarbeit frei-
gemeinnütziger Träger in der Bundesrepublik Deutschland am
Beispiel des deutschen Paritätischen Wohlfahrtsverbandes, Lan-
desverband Thüringen e.V. Unveröffentlichte Diplomarbeit, Alice-Salomon-Fachhochschule für Sozialarbeit und Sozialpädagogik, Berlin

Schlüter, Bernd/Scholz, Stephanie (2007): Rollenwandel der Wohlfahrtsverbände in der Europäischen Union. In: Linzbach, Chris-
toph/Lübking, Uwe/Schulte, Bernd (Hg.): Globalisierung und
Europäisches Sozialmodell, S. 189-214. Baden-Baden: Nomos Ver-
lagsgesellschaft.

Schulte, Bernd (2002): Freie Wohlfahrtspflege, Daseinsvorsorge und
gemeinsamer Markt. In: Herrmann, Peter (ed./Hg.): European
Services of General Interest. Touchstone for the German Social E-
conomy. Europäische Daseinsvorsorge. Prüfsteine für die deutsche Sozialwirtschaft, S. 41-64. Baden-Baden: Nomos Verlagsge-
sellschaft.

Nadja Lehmann

Migrantinnen und häusliche Gewalt im biografischen Kontext

I n diesem Beitrag sollen die wichtigsten Ergebnisse einer Studie vorgestellt werden, die 2006 als Dissertation am Institut für Soziologie am Fachbereich Politik- und Sozialwissenschaften der Freien Universität Berlin eingereicht wurde.[1]

1 Einleitung

Das Thema „Migrantinnen und häusliche Gewalt" hat in den letzten Jahren zunehmend an öffentlicher Aufmerksamkeit gewonnen und ist aktuell von großer gesellschaftspolitischer Relevanz. Die hier vorgestellte Studie beschäftigt sich mit Biografien von Migrantinnen, die aufgrund von Erfahrungen mit häuslicher Gewalt Unterstützung in einem Frauenhaus gesucht haben und soll aus der Forschungsperspektive einen Beitrag zur Differenzierung der Debatte um „Migrantinnen und häusliche Gewalt" leisten.

Der Ausgangspunkt für die vorliegende Arbeit waren eigene berufliche Erfahrungen als Sozialarbeiterin in der Frauenhausarbeit, der große Anteil von Migrantinnen in den Frauenhäusern und das Forschungsdefizit in der deutschsprachigen Gewaltforschung zu „Migrantinnen und häusliche Gewalt". Von einem „Stand der Forschung" zur Situation von Migrantinnen in Frauenhäusern oder allgemein zu „Migrantinnen und häuslicher Gewalt" kann in Deutschland erst gesprochen werden, seit 2004 die erste große bundesdeutsche Repräsen-

---

1 Die Dissertation erscheint im Frühjahr 2008 im Verlag Barbara Budrich, Opladen, in der Reihe: Rekonstruktive Forschung in der Sozialen Arbeit.

tativuntersuchung zu Gewalt gegen Frauen in Deutschland unter dem Titel: „Lebenssituation, Sicherheit und Gesundheit von Frauen in Deutschland" (Schröttle/Müller 2004) veröffentlicht wurde, bei der die Frage nach der Gewaltbetroffenheit von Migrantinnen explizit mit einbezogen und erhoben wurde. Jedoch gibt es nach wie vor ein Forschungsdefizit bei vertiefenden Analysen zu häuslicher Gewalt.

Die Migrantinnen- und Biografieforschung (vgl. z.B. Gutiérrez Rodríguez 1999; Gültekin/Inowlocki/Lutz 2003; Lutz/Davis 2005), die interkulturelle Familienforschung (vgl. z.B. Herwartz-Emden 2000a; Gümen 2000b), die US-amerikanische Gewaltforschung zu „Migrantinnen/ethnische Minderheiten und häusliche Gewalt" (vgl. z.B. Sokoloff/Pratt 2005) und sozialkonstruktivistische bzw. dekonstruktive feministische Perspektiven (vgl. z.B. Butler 1991; Bührmann 1995; Pühl 2003) erweisen sich als anschlussfähige Forschungskontexte für die vorliegende Studie.

2 Fragestellung

Migrantinnen, die von häuslicher Gewalt betroffen sind, befinden sich in einer spezifischen Lebenssituation. Sie machen Erfahrungen mit Ausgrenzung, Stigmatisierung und Rassismus, zum Beispiel innerhalb der Gewaltbeziehung durch aufenthaltsrechtliche Strukturen, durch institutionelle Diskriminierung und in der Gemeinschaft des Frauenhauses (vgl. Aktaş 1993; Lehmann 2001; Glammeier/Müller/Schröttle 2004). Viele Migrantinnen in Frauenhäusern haben zudem Gewalterfahrungen auf unterschiedlichen Ebenen gemacht, die sich in Begriffen wie „Gewalt im Geschlechterverhältnis" und „häusliche Gewalt" nur unzureichend erfassen lassen (vgl. Lehmann 2006).

Es stellt sich die grundlegende Frage: wie wirken sich die vielfältigen biografischen Erfahrungen von gewaltbetroffenen Migrantinnen im Kontext von Herkunft, Migration und Aufnahmeland Deutschland auf das Erleben von häuslicher Gewalt aus? Um sich mit dieser Frage weiter beschäftigen zu können, ist es von zentraler Bedeutung, etwas über die subjektiven Sichtweisen und die Deutungsmuster gewaltbetroffener Migrantinnen zu erfahren. Hier liegt mein Forschungsinteresse und hier setzt die vorliegende Studie an.

3   Methode

Empirische Grundlage für die Bearbeitung dieser Fragestellung sind Biografien von gewaltbetroffenen Migrantinnen. Im Zeitraum von 1999-2004 wurden 15 biografisch-narrative Interviews mit Migrantinnen durchgeführt, die aufgrund psychischer und physischer Gewalterfahrungen in ein Frauenhaus gegangen waren. Der Auswertungsprozess erfolgte als biografische Fallrekonstruktion (Rosenthal 1995; Fischer-Rosenthal/Rosenthal 1997). Aus meinem Sample habe ich drei Interviews ausführlich rekonstruiert und stelle diese im Rahmen meiner Dissertation in Falldarstellungen vor. In der Globalanalyse findet sich in den anderen Interviews des Samples diese Struktur in unterschiedlich ausgeprägter Form wieder.

4   Ergebnisse und Diskussion

In den Interviews stellte sich heraus, dass die Gewalterfahrung von allen interviewten Frauen als subjektiv gravierende Ausgrenzungs- und Unterdrückungserfahrung thematisiert und erlebt wird. Jedoch zeigt sich, dass die Thematisierung bzw. die Auseinandersetzung der Frauen mit der Gewalt sehr komplex und individuell sehr unterschiedlich ist.

In der Biografie von *Mirja Johannsen aus Rumänien*, die Angehörige der Roma ist, wird im gesamten Interview deutlich, wie stark tradierte, ethnisierende und diskriminierende Diskurse der Herkunftsgesellschaft über Roma und die auch in Deutschland zum Zeitpunkt der Migration wirksamen Diskurse über rumänische Roma für das Erleben der Gewalt in der Beziehung zu einem deutschen Mann eine Rolle spielen. *Nihad Amin, eine Frau aus Irakisch-Kurdistan,* setzt sich mit ihrer Gewalterfahrung im Kontext der Herkunftsfamilie auseinander.

Die eigenen schweren Gewalterfahrungen in ihrer Ehe thematisiert sie nicht als „Gewalt im Geschlechterverhältnis". Sie setzt vielmehr das Verhalten des Ehemannes mit dem Verhalten der Mutter ihr gegenüber gleich, mit den Worten „Mein Mann ist wie meine Mutter". In der dritten Falldarstellung von *Ella Noack aus Polen* wird die Gewalterfahrung als singuläre Erfahrung präsentiert, die unverbunden mit der eigenen Lebensgeschichte bleibt. Jedoch wird durch ausführliche Nachfrageteile und die Auswertung des gesamten Interviews deutlich, dass in der Lebensgeschichte ausgesprochen viele biografische Kontinuitäten und sehr viele belastende Erfahrungen vorhanden sind, die in einem unmittelbaren thematischen und emotionalen Zusammenhang zur Gewalterfahrung stehen.

4.1 Typologie

Durch einen kontrastierenden Vergleich der drei ausführlichen, rekonstruierten Biografien mit den Ergebnissen der Globalanalysen konnten drei dominante Ebenen der Thematisierung der Gewalterfahrung im biografischen Kontext herausgearbeitet werden, die sich in einer Typologie abbilden lassen:

Typus 1: Die Gewalterfahrung wird auf der Ebene gesellschaftlicher Ausgrenzungs- und Unterdrückungserfahrungen thematisiert.

Typus 2: Die Gewalterfahrung wird auf der Ebene von Ausgrenzungs- und Unterdrückungserfahrungen in der Herkunftsfamilie thematisiert.

Typus 3: Die Gewalterfahrung wird als singuläre Ausgrenzungs- und Unterdrückungserfahrung im biografischen Kontext thematisiert.

4.2 Zusammenfassung

Die unterschiedlichen Ebenen der Thematisierung der erlebten Gewalt stehen manifest oder latent in Relation zu biografischen Ausgrenzungs- und Unterdrückungserfahrungen im Kontext von Gesellschaft und Herkunftsfamilie. Diese Erfahrungen und damit verbundene familiale und gesellschaftliche Diskurse strukturieren sowohl die Thematisierung *als auch* das Erleben der Gewalt. Bei den unterschiedlichen Thematisierungen handelt es sich um „biographische Arbeit" (vgl. Fischer-Rosenthal 1995), das heißt um Ressourcen und Strategien zur Bewältigung der Gewalt im biografischen Kontext.

Es stellt sich weiterhin in der Auswertung der Interviews heraus, dass die jeweiligen Geschlechterverhältnisse nicht zu einem bedeutsamen Bezugspunkt für die Auseinandersetzung mit der Gewalterfahrung werden müssen und dies, obwohl alle Frauen in einem Frauenhaus waren. Stattdessen sind in den vorliegenden Interviews beispielsweise die Kränkungen im Mutter-Tochter-Verhältnis von besonderer Bedeutung oder Diskriminierungserfahrungen im Herkunfts- oder Aufnahmeland. Die Thematisierung und das Erleben der Gewalterfahrung ist nicht nur im Geschlechterverhältnis zu verorten, sondern von anderen Differenz- und Machtstrukturen durchdrungen und damit „intersektionell" (vgl. Crenshaw 1994; Lutz/Davis 2005; Rommelspacher 2006) strukturiert. „Geschlecht" ist nur im jeweiligen Kontext, z.B. in der Beziehungsdynamik der Herkunftsfamilie, von Bedeutung und nicht von anderen Differenz- und Machtstrukturen wie z.B. „Ethnizität" und „soziale Klasse" zu trennen (vgl. Lehmann 2004). Das heißt, die Kategorie „Geschlecht" wird nicht isoliert im biografischen Kontext wirksam, sondern ist nur als kontextualisierte Kategorie von Relevanz (vgl. hierzu auch Dausien 2004, S. 319).

Aus den Ergebnissen ergeben sich folgende theoretische Anknüpfungspunkte für die weitere Diskussion:

- Die Relevanz gesellschaftlicher und familienbiografischer Kontexte im Zusammenhang mit der Gewalterfahrung.
- Die Verknüpfungen und Gleichzeitigkeiten unterschiedlicher Machtdimensionen im Erleben gewaltbetroffener Migrantinnen.
- Die Kontextgebundenheit von Geschlechterkonstruktionen.
- Die Heterogenität gewaltbetroffener Migrantinnen.

5 Schlussfolgerungen für die Praxis

Als übergeordnetes Fazit der Dissertation lässt sich feststellen, dass interdisziplinäre Perspektiven zwischen Migrantinnenforschung und

Gewaltforschung, die Einbeziehung internationaler Forschungsperspektiven und eine Kooperation und Vernetzung zwischen MigrantInnenprojekten und Anti-Gewalt-Projekten einseitige Problemdefinitionen von häuslicher Gewalt verhindern können, welche sich auf die Inanspruchnahme von Hilfsangeboten und bei der Bewältigung der erlebten Gewalt negativ auswirken können.

Literatur

Aktaş, Gülşen (1993): „Türkische Frauen sind wie Schatten – Leben und Arbeiten im Frauenhaus". In: Hügel, Ika/Lange, Chris/Ayim, May u.a. (Hg.): Entfernte Verbindungen. Rassismus, Antisemitismus, Klassenunterdrückung, S. 49-60. Berlin: Orlanda Verlag.

Butler, Judith (1991): Das Unbehagen der Geschlechter. Frankfurt a.M.: Suhrkamp.

Bührmann, Andrea (1995): Das authentische Geschlecht. Die Sexualitätsdebatte der Neuen Frauenbewegung und die Foucaultsche Machtanalyse. Münster: Westfälisches Dampfboot.

Crenshaw, Kimberlé (1994): Mapping the Margins: Intersectionality, Identity Politics and Violence against Women of Color. In: Albertson Fineman, Martha/Mykitiuk, Roxanne (Ed.): The Public Nature of Private Violence, S. 93-118. New York/London: Routledge.

Dausien, Bettina (2004): Biographieforschung: Theoretische Perspektiven und methodologische Konzepte für eine re-konstruktive Geschlechterforschung. In: Becker, Ruth/Kortendiek, Beate (Hg.): Handbuch Frauen- und Geschlechterforschung. Theorie, Methoden, Empirie, S. 314-325. Wiesbaden: VS -Verlag.

Fischer-Rosenthal, Wolfram (1995): Schweigen – Rechtfertigen – Umschreiben. Biographische Arbeit im Umgang mit deutschen Vergangenheiten. In: Fischer-Rosenthal, Wolfram/Alheit, Peter. (Hg.): Biographien in Deutschland, S. 43-86. Opladen: Westdeutscher Verlag.

Fischer-Rosenthal, Wolfram/Rosenthal, Gabriele (1997): Narrationsanalyse biographischer Selbstpräsentation. In: Hitzler, Ronald/Honer, Anne (Hg.): Sozialwissenschaftliche Hermeneutik. Eine Einführung, S. 133-164. Opladen: Leske + Budrich.

Glammeier, Sandra/Müller, Ursula/Schröttle, Monika (2004): Unterstüt-zungs- und Hilfebedarf aus der Sicht gewaltbetroffener Frauen. Er-gebnisse der Gruppendiskussionen. Im Auftrag des Bundesministe-riums für Familie, Senioren, Frauen und Jugend. Download (S. 618-731) unter: http://www.bmfsfj.de/Kategorien/Forschungsnetz/for-schungsberichte,did=20560.html, Zugriffsdatum: 16.08.05

Gutiérrez Rodríguez, Encarnación (1999): Intellektuelle Migrantinnen – Subjektivitäten im Zeitalter von Globalisierung. Eine postkoloniale dekonstruktive Analyse von Biographien im Spannungsverhältnis von Ethnisierung und Vergeschlechtlichung. Opladen: Leske + Bud-rich.

Gültekin, Nevâl/Inowlocki, Lena/Lutz, Helma (2003): Quest and Query: Interpreting a Biographical Interview with a Turkish Woman Laborer in Germany [55 paragraphs]. Forum Qualitative Sozialforschung/Forum: Qualitative Social Research [Online Jour-nal]. Available at: http://www.qualitative-research.net/fqs-texte/3-03/3-03gueltekinetal-e.htm [Date of access: 01/05/2003].

Gümen, Sedef (2000b): Vergeschlechtlichung und Ethnisierung im Kontext der Familie, Gesellschaftspolitische Dimensionen des All-täglichen. In: Buchkremer, Hansjosef/Bukow, Wolf-Dietrich/ Em-merich, Michaela (Hg.): Die Familie im Spannungsfeld globaler Mobilität. Zur Konstruktion ethnischer Minderheiten im Kontext der Familie, S. 163-183. Opladen: Leske + Budrich.

Herwartz-Emden, Leonie (Hg.) (2000a): Einwandererfamilien: Ge-schlechterverhältnisse, Erziehung und Akkulturation. Osnabrück: IMIS-Schriften Bd. 9.

Lehmann, Nadja (2001): Migrantinnen in Misshandlungssituationen. In: Quer – denken, lesen, schreiben. Gender/Geschlechterfragen update. Hg.: Frauenrat und Frauenbeauftragte der Alice-Salomon-Fachhochschule für Sozialarbeit/Sozialpädagogik und Pflege/ Pflegemanagement, S. 10-13. Berlin. Ausgabe 04/01.

Lehmann, Nadja (2004): Auf dem Weg von Ost nach West: Kontinui-täten, Relevanzen und Verbindungen von „Ethnizität" und „Ge-schlecht" am Beispiel einer rumänisch-deutschen Migrationsbi-ographie. In: Miethe, Ingrid/Kajatin, Claudia/Pohl, Jana (Hg.): Geschlechterkonstruktionen in Ost und West. Biographische Per-spektiven, S. 131-155. Münster: LIT-Verlag.

Lehmann, Nadja (2006): Biographische Perspektiven und Bewälti-gungsstrategien gewaltbetroffener Migrantinnen – Schlussfolgerungen und Überlegungen für Theorie und Praxis. In: Landes-kommission Berlin gegen Gewalt (Hg.): Berliner Forum Gewalt-prävention. Dokumentation einer Fachtagung in Kooperation mit der Friedrich-Ebert-Stiftung am 22.02.06. Nr. 25/2006. S. 30-39.

Lehmann, Nadja (2008) (i. Ersch.): Migrantinnen im Frauenhaus. Bio-graphische Perspektiven auf Gewalterfahrungen. Reihe: Rekon-struktive Forschung in der Sozialen Arbeit. Opladen: Verlag Bar-bara Budrich.

Lutz, Helma/Davis, Kathy (2005): Geschlechterforschung und Bio-graphieforschung: Intersektionalität als biographische Ressource am Beispiel einer ungewöhnlichen Frau. In: Völter, Bettina/Dau-sien, Bettina/Lutz, Helma/Rosenthal, Gabriele (Hg.): Biogra-phieforschung im Diskurs, S. 228-247. Wiesbaden: VS Verlag.

Pühl, Katharina (2003): Zwischen Diskurs und Subjekt. Einleitung. In: Koher, Frauke/Pühl, Katharina (Hg.) (2003): Gewalt und Ge-schlecht. Konstruktionen, Positionen, Praxen, S. 7-17. Opladen.

Rommelspacher, Birgit (2006): Interdependenzen – Geschlecht, Klasse und Ethnizität. http://www.geschlecht-ethnizitaet-klasse.de.

Rosenthal, Gabriele (1995): Erlebte und erzählte Lebensgeschichte. Frankfurt a.M./New York: Campus.

Schröttle, Monika/Müller, Ursula (2004): Lebenssituation, Sicherheit und Gesundheit von Frauen in Deutschland. Eine repräsentative Untersuchung zu Gewalt gegen Frauen in Deutschland. Im Auf-trag des Bundesministeriums für Familie, Senioren, Frauen und Jugend. http://www.bmfsfj.de/Kategorien/Forschungsnetz/for-schungsberichte,did=20560.html.

Sokoloff, Natalie J./Pratt, Christina (2005) (Ed.): Domestic Violence at the Margins. Readings on Race, Class, Gender and Culture. New Brunswick/New Jersey/London: Rutgers.

Charlotte Oesterreich

Die Lebensbedingungen in den Flüchtlingslagern für DDR-Zuwanderer der 1950er Jahre

„Das glaubt doch kein Mensch, dass wir so in Lagern gelebt haben, so in Armut. Die meisten Leute wissen ja nicht mal, dass es überhaupt Lager gab. (...) Ich hab das Gefühl, die glauben mir nicht. Wie soll man denn da was erzählen? Die denken doch, dass ich spinne, dass ich verrückt bin. Also lass ich das lieber" (Interview Elke Flure, Transkript, S. 3).

D as Zitat der Zeitzeugin spiegelt die Not vieler ehemaliger DDR-Flüchtlinge der 50er Jahre wider, die es aufgrund der Nichtexistenz ihrer Geschichte kaum wagen, über ihre damaligen Lagererfahrungen zu berichten. In der Öffentlichkeit wird fast ausschließlich über die Erfolgsgeschichte der Bewältigung der deutsch-deutschen Fluchtbewegung durch den damaligen West-Berliner Senat berichtet. Die extrem schwierigen Lebensbedingungen in den Sammelunterkünften und die oftmals verzweifelten Bemühungen der Zuwanderer um Integration werden weitgehend ausgeblendet.

1   Ausgangssituation und methodisches Vorgehen

Überwiegend ist in der Öffentlichkeit weder bekannt, dass die Aufnahme der DDR-Flüchtlinge keine Selbstverständlichkeit darstellte, noch die Tatsache, dass insbesondere im Notaufnahmeverfahren Abgelehnte z.T. bis weit in die 60er Jahre hinein in Sammelunterkünften lebten. Auch fehlen bislang grundlegende wissenschaftliche Untersuchungen über die Lagerunterbringung von DDR-Flüchtlingen der 50er und 60er Jahre. In der 2007 an der Freien Universität Berlin eingereichten Dissertation werden eingehend die politisch-administrativen Aufnahmebestimmungen, die sozialen, ökonomischen und gesellschaftlichen Folgen für abgelehnte Zuwanderer und erstmalig die alltäglichen Lebenserfahrungen ehemaliger Bewohner von Flüchtlingseinrichtungen aus deren Perspektive untersucht.

Ziel dieser Arbeit ist es, im Sinne Paulo Freires ein bisher unbeachtetes Thema zur Sprache zu bringen und somit unterstützend zu wirken, das dramatische „Thema des Schweigens" der Betroffenen zu beenden (vgl. Freire 1973, S. 88f.).

Im Folgenden werden die forschungsrelevanten Fragestellungen und das methodische Vorgehen vorgestellt. Nach einer kurzen Beschreibung der Rahmenbedingungen für die Aufnahme ehemaliger DDR-Zuwanderer werden die zentralen Forschungsergebnisse erläutert, wobei die West-Berliner Noteinrichtungen im Fokus stehen.[1] Zum Abschluss wird darauf eingegangen werden, inwieweit die gewonnenen Erkenntnisse in Praxisfeldern der sozialen Arbeit relevant sind.

In dieser Arbeit ging es vor allem um die Fragen, inwieweit die damaligen rechtlichen Aufnahmebestimmungen Auswirkungen auf die Integration der Zuwanderer hatten, welcher Personenkreis und unter welchen Bedingungen dieser in den Flüchtlingseinrichtungen lebte, unter welchen Bedingungen Kinder und Jugendliche aufwuchsen, wie sich die Lebenssituation für Frauen darstellte und ob die Erfahrungen des Lagerlebens eine Rolle im späteren Leben dieser Personen spielten.

Der Ansatz meiner Arbeit bestand darin, die komplexe Situation der Lagerbewohner(innen) aus deren Perspektive zur Geltung zu bringen und durch Verknüpfung der Interviews mit anderen Quellentypen wie Archivmaterialien und Publikationen eine multiperspektivische Gesamtdarstellung vorzunehmen. Es wurde das Erhebungsverfahren der „Oral History" ausgewählt, bei der Erinnerungsinterviews mit Zeitzeugen als historische Quellen dienen. Während es sich bei den schriftlichen Quellen um gängiges Material der Forschung handelt, die zur Untersuchung lediglich neu hinzugezogen und befragt wurden, handelt es sich bei den aus den Interviews gewonnenen Informationen um eine neue Quelle, die erst unter einer wissenschaftlichen Fragestellung initiiert wurde (vgl. Wierling 2003, S. 105ff.).

---

[1] Die Ergebnisse über die Lebensbedingungen in den Notaufnahmelagern und den bundesrepublikanischen Noteinrichtungen aufzuzeigen, würde den Rahmen dieses Aufsatzes sprengen.

Insgesamt wurden 15 biografische narrative Interviews mit ehemaligen Lagerbewohner(innen) durchgeführt (vgl. Schütze 1983, S. 283ff.).[2] Zusätzlich wurden vier Experten mit Hilfe eines Interviewleitfadens befragt (vgl. Meuser/Nagel 1991, S. 441ff.).

2 Die Rahmenbedingungen

Zwischen 1945 und 1961 flohen ca. 2,75 Millionen Menschen aus der SBZ/DDR in die Bundesrepublik, seit 1952 verstärkt nach West-Berlin. Als Reaktion auf die Fluchtbewegung wurde 1950 das Notaufnahmegesetz geschaffen, welches die wirtschaftlichen und sozialen Belastungen durch die Zuwanderer in Grenzen halten und zugleich in der DDR politisch Gefährdeten Zuflucht bieten sollte (vgl. Heidemeyer 1994, S. 43 und 108).

Etwa eine dreiviertel Million Menschen konnte keine Aufnahme nach den rechtlichen Bestimmungen des Notaufnahmegesetzes erlangen (ebd. S. 46). Sie wurden zwar nicht in die DDR zurückgeschickt, waren aber von den Vergünstigungen, welche die Aufgenommenen erhielten, ausgeschlossen. So hatten die Betroffenen weder Anspruch auf staatliche Hilfe noch auf bewirtschafteten Wohnraum und durften in West-Berlin überwiegend keine Arbeit aufnehmen. Dazu konnten sie nicht in die Bundesrepublik ausgeflogen werden, wo das Arbeitsverbot für abgelehnte Zuwanderer nicht bestand (Ackermann 1995, S. 105f.).

Diese restriktiven Bestimmungen führten dazu, dass ein großer Anteil der Betroffenen in der „Mausefalle" West-Berlin verblieb und vielfach über Jahre in Lagern und in Abhängigkeit von der öffentlichen Fürsorge leben musste (Der Senator für Sozialwesen 1952, S. 3), deren Leistungen die Zuwanderer später jedoch zurückerstatten

---

2   Aus verschiedenen Gründen wie z.B. dem hohen Alter der Betroffenen stellte es sich als schwierig heraus, damals erwachsene Lagerbewohner(innen) zu interviewen. Drei Frauen waren im Untersuchungszeitraum erwachsen und zwei Zeitzeugen Jugendliche. Acht Interviewpartnerinnen flohen als Kinder zwischen zwei und 12 Jahren; zwei wurden im Lager geboren. Die Lageraufenthalte dauerten zwischen zwei und zehn Jahre.

mussten (Muthesius 1955, S. 115). Dies betraf insbesondere kinderreiche Familien, allein erziehende Frauen und Personen mit geringer Berufsqualifikation.

3 Zentrale Forschungsergebnisse

Die Flüchtlingslager waren provisorische, schnell und kostengünstig errichtete Massenunterkünfte, oftmals Fabrikgebäude und Lagerhallen. Gekennzeichnet waren die Lebensbedingungen der Bewohner(innen) durch räumliche Enge, den Verlust von Intimsphäre, niedrigen Komfort, die Abhängigkeit von der Lagerverpflegung und die Unterordnung unter fremdes Reglement.[3]

In seiner Untersuchung über die Situation der abgelehnten DDR-Flüchtlinge in West-Berlin beschreibt Koerber die längerfristig in Lagern lebenden Zuwanderer als „hauptsächlich berlinfremde, unselbstständige und irgendwie gehemmte Flüchtlinge", die sich durch mangelnde Einordnung, Rücksichtnahme und Selbstverantwortung auszeichnen (Koerber 1954, S. 116). Nicht selten würden sie „mehr aus Bequemlichkeit als aus Not in den Lagern bleiben" (ebd.). Auch Mitarbeiter helfender Institutionen führten die Lebensbedingungen der Betroffenen oftmals allein auf das individuelle Versagen der Einzelnen zurück (vgl. Köhler 1991, S. 122f.). Für die Lagerbewohner(innen) bedeutete dies, dass die psychosozialen Folgen aufgrund ihrer besonderen rechtlichen Stellung und desolaten Lebenssituation kaum in Betracht gezogen wurden.

3.1 Diskriminierung

Mit der Unterbringung in Flüchtlingseinrichtungen wurden die Bewohner zu einer deutlich identifizierbaren Gruppe, die überwiegend von der Mehrheitsgesellschaft abgelehnt und stigmatisiert wurde.

---

3 Seit Mitte der 50er Jahre wurden einzelne Lager in so genannte Wohnlager umgebaut. In diesen Einrichtungen erhielt jede Familie ein eigenes Zimmer mit Kochmöglichkeit.

Genährt wurde die Diskriminierungsbereitschaft u.a. dadurch, dass auf Grund des Arbeitsverbotes die meisten abgelehnten Zuwanderer auf die gering bemessene Fürsorgeunterstützung angewiesen waren, was der Erschließung illegaler Einnahmequellen Vorschub leistete. Lagerbewohner, die in den Einrichtungen verpflegt wurden, erhielten 1952 ein Taschengeld von höchstens 12 und fünf Jahre später von höchstens 15 DM pro Familie im Monat (Der Senator für Sozialwesen, 1. Juli 1952, S. 5; Das Diakonische Werk 1957, S. 3).[4] So stellten die Lager nicht selten einen informellen Sektor dar, in dem verstärkt Dienstleistungen sowohl auf dem „Schwarzmarkt" als auch von einzelnen Frauen im Rotlichtmilieu angeboten wurden (vgl. Gumppenber 1953, S. 31).

3.2 Situation der Kinder und Frauen

Neben den Diskriminierungserfahrungen waren viele Bewohner der Einrichtungen mit der zusätzlichen Belastung häufiger Lagerwechsel konfrontiert. Diese Bedingungen wirkten sich insbesondere auf die Kinder aus, da sie bei jedem Umzug meist zugleich die Schule wechseln mussten. Die ungünstigen Sozialisationsbedingungen und die oftmals geringe Unterstützung durch überforderte Eltern führten nicht selten zu einer Minderung der Schulleistungen, wodurch die Chancen auf eine spätere qualifizierte Berufsausbildung eingeschränkt wurden.

Häufig bildeten sich in den Flüchtlingseinrichtungen soziale Gemeinschaften, die den Bewohnern Halt sowie gegenseitige Unterstützung und den Kindern einen geschützten Raum boten. Überwiegend beschränkten sich die sozialen Kontakte der Kinder auf die Mitbewohner, was für die oftmals sozial benachteiligten Kinder eine immense Beeinträchtigung hinsichtlich der Anpassung an die durch Mittelschichtnormen geprägte Mehrheitsgesellschaft darstellte.

Eine weitere Belastung stellte für Kinder die erhöhte Infektionsgefahr in den Sammelunterkünften dar. So lag die Sterblichkeit bei infektiös erkrankten Flüchtlingskindern, die im Lager untergebracht waren, weit über dem Durchschnitt der übrigen Bevölkerung (Senator für Arbeit und Sozialwesen Berlin 1956, S. 56). In den meisten Fällen

---

4   Einzelpersonen erhielten 6 DM im Monat.

kamen die Kinder aufgrund typischer Kinderkrankheiten in eines der vom Deutschen Roten Kreuz eingerichteten Krankenheime. Trotz erfolgreicher Genesung blieben sie oft übermäßig lange in diesen Einrichtungen, weil „sie nach einer schweren Krankheit in guter Pflege und bei bester Kost Erholung finden sollten" (Deutsches Rotes Kreuz, Januar 1955, S. 3). Unter anderen Lebensbedingungen hätten die meisten Kinder die Infektionskrankheiten im Kreis der Familie auskurieren können. Jedoch konnte dies in den Sammelunterkünften wegen der Gefahr einer Epidemie nicht ermöglicht werden.

Die Situation der Frauen erschwerte sich durch die Angst vor sexuellen Übergriffen von Seiten männlicher Lagerbewohner. Die beengten Wohnbedingungen, chronische Geldknappheit und ständige Diskriminierungserfahrungen führten häufig zu Frustrationen bei den Lagerbewohnern, die sich nicht selten in Aggressionen und Gewalttätigkeiten entluden. Innerhalb des familiären Schutzraumes waren vor allem die schwächsten Familienmitglieder, Frauen und Kinder, der Gewalt ausgeliefert.

War das Leben der meisten Lagerbewohner von Armut geprägt, kam insbesondere für allein erziehende Mütter kleinerer Kinder hinzu, dass sie kaum ihre Arbeitskraft auf dem illegalen Arbeitsmarkt zur Verfügung stellen konnten; somit stand ihnen und ihren Kindern lediglich das Taschengeld zur Verfügung.

3.3 Folgen jahrelanger Ausgrenzungs- und Diskriminierungserfahrung

Für viele Betroffene wurde das Leben in Notunterkünften bis weit in die 60er Jahre hinein ein Dauerzustand. Hinter der langen Verweildauer vermutet Ackermann eine Anpassung an die Welt der Institution, was Goffmann im Zusammenhang mit dem Leben in „totalen Institutionen" als Kolonisierung bezeichnet (Ackermann 1995, S. 335; Goffman 1973, S. 66f.). Ein wichtiger Grund, in den Lagern zu verbleiben, stellte die Geborgenheit in der Gemeinschaft dar. Von der Bevölkerung vielfach abgelehnt, fanden die Lagerbewohner in der sozialen Gemeinschaft des Lagers einen Weg, um Isolation und Verletzungen zu entgehen, was kaum einer „Kolonisierung" im Sinne Goffmans, sondern eher einem verständlichen Schutzbedürfnis entspricht.

Die Erlebnisse von Armut, Abwertung und Schuldzuweisung sind für viele damals erwachsene Lagerbewohner noch heute schmerzhaft, weswegen viele diese Zeit eher vergessen wollen und dementsprechend noch 50 Jahre später über ihre Lagererfahrungen schweigen.

Bemerkenswert ist, dass die Zeitzeugen, die als Kinder in einer sozialen Lagergemeinschaft heranwuchsen, aus der Retrospektive heraus betrachtet weniger die Lagerbedingungen als Belastung empfanden, sondern vielmehr die Ignoranz, Respektlosigkeit und Diskriminierung der Aufnahmegesellschaft. Vielfach konnten die damals jungen Flüchtlinge die Zusammenhänge zwischen der strukturellen Benachteiligung und der sich daraus ergebenden Lebenssituation nicht erfassen und waren aufgrund ihres Alters kaum in der Lage, die Diskriminierungsbereitschaft der Mehrheitsgesellschaft zu interpretieren und diese in Zusammenhang mit deren Normen und Werten zu setzen. Die über Jahre erfahrene Diskriminierung hatte längerfristige Auswirkungen auf das Leben der jungen Menschen. So verinnerlichten diese häufig die herabwürdigenden Äußerungen der Bevölkerung und leiden noch im Erwachsenenalter unter den seelischen Verletzungen, die ihnen zugefügt wurden.

4   Schlussfolgerung für die Praxis

Diese Untersuchung leistet sowohl einen Beitrag für die Erforschung der Folgen von längerfristiger Unterbringung in Sammelunterkünften als auch einen Beitrag zur Armutsforschung. Darüber hinaus konnten wichtige Erkenntnisse über die längerfristigen Folgen von Diskriminierungserfahrungen gewonnen werden. In diesem Zusammenhang zeigt sich die Wichtigkeit, das Thema der Lagerbedingungen ehemaliger DDR-Flüchtlinge bekannt zu machen, um den schweigenden Betroffenen eine Möglichkeit des Redens zu bieten und somit eine Erfahrungsverarbeitung zu ermöglichen.

Wenn auch aus anderen Gründen, werden auch heute noch in Deutschland Flüchtlinge in Lagern untergebracht, wobei im Gegensatz zu den 50er Jahren die Unterbringung von Asylbewerbern in Sammelunterkünften gesetzlich als Regelfall vorgesehen ist (§ 53 AsylVFG). In vielen Punkten lassen sich die Lebensbedingungen der Lagerbewohner der 50er Jahre auf die Lebensumstände heutiger asylsuchender Menschen in Sammelunterkünften übertragen. Die Perspektive der Bewohner(innen), die in jetzigen Sammelunterkünften leben, muss – wie sich aus meiner Forschung ergibt – in den Fokus zukünftiger wissenschaftlicher Untersuchungen gerückt werden. Insbesondere für die Sozialarbeit in den Heimen für Asylbewerber(innen) stellt die Kenntnis der Perspektive der Betroffenen eine wichtige Voraussetzung für ihre Tätigkeit dar.

Literatur

Ackermann, Volker (1995): Der „echte" Flüchtling. Deutsche Vertriebene und Flüchtlinge aus der DDR 1945- 1961. Osnabrück: Universitätsverlag Rasch.

Ackermann, Volker (1995): Homo Barackensis. Westdeutsche Flüchtlingslager in den 1950er Jahren. In: Ackermann, Volker/Rusinek, Bernd-A./Wiesemann, Falk (Hg.): Anknüpfungen. Kulturgeschichte – Landesgeschichte – Zeitgeschichte. Gedenkschrift für Peter Hüttenberger, S. 330-346. Essen: Klartext.

Das Diakonische Werk (Februar 1957): Flüchtlingselend in Westberlin. H. 2, S. 3. Stuttgart.

Der Senator für Sozialwesen (1. Juli 1952): Die soziale Situation Westberlins. Berlin.

Deutsches Rotes Kreuz (Januar 1955): Aus der Arbeit der DRK-Heime für kranke Kinder. Mitteilungsblatt, 2. Jg., H. 1, S. 3. Berlin.

Freire, Paulo (1973): Pädagogik der Unterdrückten. Reinbek bei Hamburg: Rowohlt.

Goffman, Erving (1973): Asyle. Über die soziale Situation psychiatrischer Patienten und anderer Insassen. Frankfurt a.M.: Suhrkamp.

Gumppenberg, Maria von (1953): Die organisatorische Bewältigung des Ostflüchtlings-Problems in Berlin. Berlin: unveröffentlichte Arbeit zur Amtsarztprüfung.

Heidemeyer, Helge (1994): Flucht und Zuwanderung aus der SBZ/DDR 1945/1949-1961. Die Flüchtlingspolitik der Bundesrepublik Deutschland bis zum Bau der Berliner Mauer. Düsseldorf: Droste.

Koerber, Hans Joachim von (1954): Die Heimatvertriebenen und die Flüchtlinge aus der Sowjetzone in Westberlin. In: Pfister, Bernhard (Hg.): Untersuchungen zum deutschen Vertriebenen- und Flüchtlingsproblem, S. 83-123. Berlin: Dunker und Humblot.

Köhler, Günter (1991): Notaufnahme. Berlin: Stapp.

Meuser, Michael/Nagel, Ulrike (1991): ExpertInneninterviews – vielfach erprobt, wenig bedacht. Ein Beitrag zur qualitativen Methodendiskussion. In: Garz, Detlef/Kraimer, Klaus (Hg.): Qualitativ – empirische Sozialforschung. Konzepte, Analysen, Methoden, S. 441-471. Opladen: Westdeutscher Verlag.

Muthesius, Hans (1955): Bundesrechtliche Grundlagen der öffentlichen Fürsorgepflicht. Köln/Berlin: Carl Heymanns Verlag.

Schütze, Fritz (1983): Biographieforschung und narratives Interview. Neue Praxis, 13. Jg., S. 283-293.

Senator für Arbeit und Sozialwesen Berlin (1956): Deutsche flüchten zu Deutschen. Berlin.

Wierling, Dorothee (2003): Oral History. In: Maurer, Michael (Hg.): Aufriß der Historischen Wissenschaften. Neue Themen und Methoden der Geschichtswissenschaft, Band 7, S. 81-151. Stuttgart: Reclam.

Mündliche Quellen

15 lebensgeschichtliche Interviews, durchgeführt 2001 – 2005 von Charlotte Oesterreich.

4 Experteninterviews, durchgeführt 2001 – 2005 von Charlotte Oesterreich.

Begoña Petuya Ituarte

Kontinuität und Bruch – Lebensgeschichten von Frauen im Spannungsfeld von Migration und Scheidung

1 Einführung und methodisches Vorgehen

Ausgehend von den Erfahrungen in meiner beruflichen Praxis bei der Beratung von Migrantinnen im Scheidungsprozess sollen mit der 2006 an der Freien Universität Berlin eingereichten Dissertation neue Wege zu einem nicht präskriptiven, jedoch zu Reflexion führenden Umgang bei den bundesrepublikanischen Beratungsstellen öffentlicher und freier Träger aufgezeigt werden. Die Scheidungsforschung versteht sich zumeist als Ursachen- und Präventionsforschung. Indem Migrantinnen als Subjekte im Mittelpunkt dieser Studie stehen, wurde insofern ein bislang vernachlässigter Weg in der Scheidungsforschung eingeschlagen. Im Zentrum steht dabei die Frage, wie geschiedene Migrantinnen aus Spanien Kontinuität und Brüche in ihren eigenen Lebensgeschichten sehen. Mit den Mitteln der Biografieforschung habe ich die Migrantinnen in ihrer Subjektposition in den Mittelpunkt gestellt und gefragt, wie sie Scheidung und Migration in ihr persönliches Leben integrieren und welche Handlungsstrategien sie in diesem Kontext entwickeln. Dem zufolge lautete die zentrale Fragestellung: Welche Handlungsstrategien entwickeln Frauen in den Prozessen von Migration und Scheidung?

Der Kontext zur Verortung der in der Studie vorgestellten Lebensgeschichten ist von vielfältigen Entwicklungen geprägt: Das Herkunftsland Spanien erlebte in den letzten Jahrzehnten eine einschneidende politische und ökonomische Modernisierung, die unter anderen zu enormen Veränderungen im Geschlechterverhältnis und der Rolle des konventionellen Katholizismus führten. Zu beachten ist auch der Statuswechsel Spaniens innerhalb Europas: Gehörte das Land bis vor wenigen Jahren zu den klassischen Auswanderungsländern, so ist Spanien heute eine Einwanderungsgesellschaft und Mitgliedsstaat der Europäischen Union (EU). Und nicht zuletzt sind die sozialen und politischen Verhältnisse in der Bundesrepublik Deutschland als Aufnahmeland von Bedeutung. Die Berücksichtigung der Familienforschung, der Migrationserfahrungen von Frauen sowie des Scheidungsdiskurses unter Rekurs auf Subjekt- und Identitätstheorien will auf die Komplexität des Forschungsgegenstandes hindeuten.

Fußend auf der Grounded Theory und mit den Mitteln der Biografieforschung arbeitet die Studie die subjektiven Begründungen geschiedener Spanierinnen in Deutschland heraus: Welche Bedeutung geben sie selbst ihren Handlungen und in welchen Sinnzusammenhang stellen sie ihre Erlebnisse. Insgesamt wurden zwölf Interviews mit Frauen ausgewählt und nach der Auswertungsmethode der „biografischen Fallrekonstruktion" von Gabriele Rosenthal[1] analysierte. Dies ermöglichte den Brückenschlag zwischen den Themen Arbeitsmigration und Familienstrukturen, da mit dieser Methode die Zusammenhänge zwischen subjektiv erlebten Phänomenen und den strukturellen Bedingungen, die für den Einzelnen wie die Gesellschaft prägend sind, berücksichtigen werden können.[2]

Im Folgenden werden die zentralen Thesen der Studie vorgestellt, die Ergebnisse erörtert und diskutiert sowie schließlich Schlussfolgerungen für die weitere Arbeit mit Menschen mit Migrationshintergrund dargestellt.

2 Zusammenfassung der Ergebnisse

Abgeleitet von den Ergebnissen dieser Studie können vier Thesen formuliert werden. Sie spiegeln die Fülle der Einflussfaktoren wider, die bei der hier herausgearbeiteten Thematik zu berücksichtigen sind, sowie die Bemühung, deren Komplexität und Zusammenspiel plausibel darzustellen.

---

1 Diese Auswertungsmethode ist im Rahmen der Biografieforschung angesiedelt und wurde unter Berücksichtigung der objektiven Hermeneutik nach Oevermann und der von Schütze entwickelten Methodik von Gabrielle Rosenthal konzipiert; vgl. Rosenthal (1995).

2 Konkrete Darstellung der Anwendung der Methode, Petuya Ituarte (2005)

These 1:

Ereignisse im Leben können nicht losgelöst vom ganzen Leben analysiert werden. Was z.B. eine Scheidung für eine Frau, für eine Migrantin bedeutet, kann nur im Zusammenhang mit und unter Berücksichtigung ihrer Gesamtbiografie verstanden werden.

Die individuell gemachten biografischen Erfahrungen beeinflussen die Prozesse, die im Lebensverlauf stattfinden. Daraus ergibt sich, dass die daraus entstehenden Handlungsmuster sich immer wieder weiterentwickeln oder teilweise gleich bleibende Aspekte beinhalten, die zu einer Beeinflussung der folgenden biografischen Prozesse führen. So verhält es sich auch mit dem Prozess der Migration und der Scheidung.

These 2:

Die Strategie, die Migrantinnen verfolgen, und die es ihnen erlaubt, mit der Ethnisierung und dem Kontext der Migration zu brechen, offenbart sich im Kontext des Frauendiskurses.

Dadurch stellen sie eine gewisse Distanz zu der ihnen zugeschriebenen Zugehörigkeit sowie eine Nähe zur Aufnahmegesellschaft bzw. zu anderen Gruppen her. Dies geschieht nicht grundsätzlich, sondern punktuell und bestätigt somit die Annahme, dass „Frau nicht gleich Frau nicht gleich Frau"[3] ist.

These 3:

Abgrenzungs- und Diskriminierungserfahrungen führen zu unterschiedlichen Strategien, damit umzugehen.

Drei Strategien konnten festgestellt werden: Auseinandersetzung bzw. Selbstreflexion, Abgrenzung – hier wird der Kontakt zu Mehrheitsgesellschaft gemieden – und Abwertung, die negativen Erfahrungen werden zurückgespiegelt. Diese Strategien sind nicht in dieser Reinform zu finden, sondern kommen oft im Zusammenspiel miteinander vor. Sie beziehen sich nicht nur auf den Prozess der Migration, sondern sind auch im Prozess der Scheidung im Rahmen der Geschlechterverhältnisse wiederzufinden.

---

3   Vgl. Gutiérrez Rodríguez 1996

These 4:

Wie beide Prozesse erlebt werden, kann sehr unterschiedlich sein und kann weder nur an strukturellen Bedingungen festgemacht noch lediglich auf individueller Ebene erklärt werden.

Migration und Scheidung können als Einschnitt oder gar als biografischer Bruch erlebt werden, bei anderen als Fortsetzung von Lebensplänen, als Kontinuität oder als eine Krise, die neue Lebensentwürfe ermöglicht. Das Erleben dieser Prozesse kann weder anhand der strukturellen Bedingungen noch auf der individuellen Ebene erklärt werden.

Die Thesen wurden auf Grundlage der Analyse der Biografien von drei der interviewten Frauen, der daraus entwickelten Typologie und der draus folgenden Generalisierung herausgearbeitet. Ins Blickfeld genommen wurden die unterschiedlichen Stränge, die die Lebensgeschichte jedes Subjekts beeinflussen. In dieser Studie war dies insbesondere die Bedeutung der Familie im Zusammenhang mit der Frage nach der Frauenrolle, der Geschlechterverhältnisse und der Erwerbstätigkeit der Frauen, ebenso wie die Migrationserfahrungen, das hieß, die Bedingungen in der Herkunftsgesellschaft bzw. die „Vor-Migrationserfahrungen", die Situation in der Einwanderungsgesellschaft und in der Migrantencommunity. Auf der Ebene des Scheidungsprozesses wurden vor allem das eigene Frauen- und Rollenbild sowie die erfahrenen Beziehungen in der Herkunfts- und eigenen Kleinfamilie berücksichtigt.

3 Diskussion

Ausgehend von der Analyse der Interviews und auf Grundlage der Trennungserfahrung im Prozess der Migration und der Scheidung, die in ein systematisches Verhältnis zur individuellen Biografie gesetzt wurden, ist die Typologie dieser Studie herausgearbeitet worden. Sie dient als Grundlage für eine Generalisierung und wurde nach dem Ansatz von Rosenthal entwickelt. Wie von Rosenthal empfohlen, wurde die Generalisierung auf der Ebene des Einzelfalls erarbeitet, d. h. es galt, das Allgemeine im Individuellen zu finden.

Vor diesem Hintergrund wurden bei der Ausarbeitung der Typen und Untertypen vielschichtige Aspekte aus der Perspektive der Frauen zur Diskussion gestellt, um die Komplexität des Phänomens einzubeziehen. So wurde beispielsweise nicht nur das Verhältnis zu Trennungserfahrungen als Aspekt bei der Typenbildung herangezogen, sondern auch der persönliche Habitus der Lebensgestaltung, die eigene Rolle im Prozess der Migration, die Vor-Erfahrungen in der Migration, die eigene Rolle im Familiensystem usw., d.h. so viele biografische Erfahrungen wie möglich.

Dabei stellte es sich als eine Herausforderung heraus, sich sowohl auf eine Typologie als auch auf eine Generalisierung festzulegen. Dies empfand ich als Widerspruch zum Ansatz der Biografieforschung, wie ich sie verstehe. So rückt z. B. mit der Entscheidung für einen Schwerpunkt bei der Typisierung (hier die Trennungserfahrung) eine Vielzahl an weiteren Perspektiven in den Hintergrund, auch wenn sie berücksichtigt werden. Mit einer Generalisierung wiederum wird gegen den Ansatz „Das Subjekt in den Mittelpunkt zu stellen" verstoßen. Deshalb verzichtet die Studie auf ein feststehendes Theoriemodell, das den Zugang verengen oder verstellen könnte. Dadurch sollen Verallgemeinerungen oder Zuschreibungen bewusst umgangen werden, die zu einer Objektivierung der Frauen führen könnten.

4 Schlussfolgerung

Zuordnungen und Generalisierungen sind wenig hilfreich bei der Betrachtung von gesellschaftlichen Prozessen. Es sind vielfältige Mechanismen, die Prozesse in unserem Leben beeinflussen, und sie lassen sich nicht auf die Geschlechterrollen, das Frausein oder auf die Migration reduzieren. Nur indem wir das Subjekt erkennen und wahrnehmen, können wir gesellschaftliche Prozesse verstehen und beeinflussen. Um Frauen gerecht zu werden, müssen sie als Subjekt ernst genommen werden und dürfen nicht mit Zuschreibungen von der einen oder der anderen Seite konfrontiert werden.

Im Sinne der Sozialisations- und Identitätstheorien, nach der sich die Subjekte im Rahmen der gegebenen Möglichkeiten weiter entwickeln[4], kann ein Austausch zwischen Menschen in der Migration und Menschen aus der Mehrheitsgesellschaft zu einer Weiterentwicklung auf beiden Seiten beitragen. Diese Studie zeigt, dass bei Migrantinnen bestimmte Gemeinsamkeiten nicht nur auf die Gruppe und die strukturellen Bedingungen zurückgeführt werden können. Ihre biografischen Erfahrungen zeigen, in welcher Situation sie sich befinden und wer sie sind.

Mittels der Biografieanalyse kann erfahren werden, was für die Betroffenen selbst von Relevanz ist und welche Themen für sie von Bedeutung sind. Dieser Zugang könnte verhindern, dass man sich in der Beratung mit Themen und Fragen beschäftigt, von denen lediglich angenommen wird, sie seien für diese Gruppe wichtig. So könnten wir mit den Betroffenen selbst Strategien entwickeln, die sie unterstützen und ihnen weiterhelfen können.[5] In der bisherigen Beratungspraxis laufen wir stattdessen Gefahr, Dinge in den Mittelpunkt zu stellen, die für die Person zweitrangig sind.

Zudem sollte auf den Diversity-Ansatz Bezug genommen werden, da dadurch Differenzen anerkannt werden und eine damit verbundene Abwertung vermieden wird. Hiermit wird das Ziel der Gleichwertigkeit und Entfaltung der Verschiedenheit verfolgt. Weiteres Ziel dieses Ansatzes ist es, die Sicht bzw. die Wahrnehmung von Minderheiten als Sonderproblem zu ändern hin zu einem Verständnis, das beispielsweise die interkulturelle Arbeit oder Geschlechter differenzierende Arbeit als Querschnittsfunktion erfasst.

Für die Praxis – im Rahmen eines „Praxis-Theorie-Praxis-Transfers"[6] – zeigt die Studie, dass für die Beratung von Migrantinnen, die sich im Trennungs- und Scheidungsprozess befinden, der biografische Kontext und die Biografieanalyse unter Berücksichtigung des Diversity-Ansatzes[7] von großer Bedeutung sind.

---

4   Geulen, D. (2005)
5   Ansatz, der unter dem Begriff der „rekonstruktive Sozialarbeit" immer stärkere Anerkennung findet. Siehe hierzu Hanses (2004).
6   Vgl. Gerull (2003), S. 9.
7   Einen guten Überblick über die Diskussion zu diesem Ansatz bietet Schröer (2006).

Literatur

Geulen, D. (2005): Subjektorientierte Sozialisationstheorie – Sozialisation als Epigenese des Subjekts in Interaktion mit der gesellschaftlichen Umwelt. Weinheim/München: Juventa Verlag

Gerull, S. (2003): Behördliche Maßnahmen bei drohendem Wohnungsverlust durch Mietschulden. Berlin: KBW Fachbuchverlag.

Gutiérrez Rodríguez, E. (1996): Eine Frau ist nicht gleich Frau, nicht gleich Frau, nicht gleich Frau. In: Fischer, L. u.a. (Hg.): Kategorie Geschlecht: Empirische Analysen und feministische Theorien, S. 163-190. Opladen: Leske + Budrich.

Hanses, A. (Hg.) (2004): Biographie und Soziale Arbeit. Institutionelle und biographische Konstruktionen von Wirklichkeit. Hohengehren: Schneider Verlag,.

Petuya Ituarte, B. (2007): Handlungsstrategien geschiedener Migrantinnen – Am Beispiel von Lebensgeschichten migrierter Spanierinnen in der Bundesrepublik Deutschland. Frankfurt a.M./London: IKO – Verlag für Interkulturelle Kommunikation.

Petuya Ituarte, B. (2005): Die biographische Fallrekonstruktion nach Gabriele Rosenthal. In: Gahleitner, S. u.a.: Methodenspektrum sozialwissenschaftlicher Forschung, S. 87-103. Uckerland: Schibri-Verlag.

Rosenthal, G. (1995): Erlebte und erzählte Lebensgeschichte. Gestalt und Struktur biographischer Selbstbeschreibungen. Frankfurt a.M./New York: Campus Verlag.

Schröer, H. (2006): Vielfalt gestalten. Kann Soziale Arbeit von Diversity-Konzepten lernen? In: Migration und Soziale Arbeit, 28. Jg., Heft 1, S. 60-68. Juventa.

Heike Radvan

Antisemitismus in der offenen Jugendarbeit – Wie kann pädagogisches Handeln aussehen?[1]

1. Ausgangssituation und methodisches Vorgehen

D er vorliegende Artikel beschäftigt sich mit der Frage, welche konkreten Auswirkungen gegenwärtige Erscheinungsformen von Antisemitismus auf das pädagogische Handeln in der offenen Jugendarbeit in Berlin haben. Das Forschungsinteresse selbst geht auf Praxiserfahrungen in der Amadeu Antonio Stiftung zurück: Praktikerinnen[2] der Bildungs- und Jugendarbeit berichteten über antisemitisch konnotierte Äußerungen von Jugendlichen und über eine Verunsicherung des pädagogischen Umgangs mit dieser sozialen Tatsache. Diese Wahrnehmungen wurden von allgemeinen gesellschaftlichen Entwicklungen flankiert: Seit dem 11. September 2001 ist eine Zunahme aktueller Erscheinungsformen von Antisemitismus zu registrieren.[3] Es entstand die Frage, inwiefern Pädagogen im Rahmen

---

1   Der Beitrag basiert auf Ergebnissen einer laufenden Untersuchung im Rahmen einer Dissertation, die den Arbeitstitel „Pädagogisches Handeln im Umgang mit Antisemitismus in Einrichtungen der offenen Jugendarbeit in Berlin" trägt und an der Freien Universität Berlin im Fachbereich Erziehungswissenschaften angesiedelt ist. Betreut wird die Arbeit von Prof. Dr. Arnd-Michael Nohl und Prof. Dr. Christoph Wulf. Das Projekt wurde durch das Stipendienprogramm der Alice-Salomon-Fachhochschule Berlin vom Juli 2004 bis Juni 2007 gefördert.

2   Der Einfachheit halber wird im vorliegenden Artikel die weibliche und männliche Form in Bezug auf Personen oder Gruppen abwechselnd verwendet, steht das Geschlecht nicht eindeutig fest. Dieser Umgang bietet sich zum einen an, da in der Untersuchung keine geschlechtsspezifischen Aussagen getroffen bzw. Vergleiche vorgenommen werden, zum anderen vereinfacht sich so die Syntax (vgl. diesbezüglich auch Meuser/Nagel 2003, S. 483).

3   Auf einen Anstieg der Zustimmungswerte zu antisemitischen Aussagen in quantitativen Untersuchungen der Einstellungsforschung verweisen u.a. Heyder/Iser/Schmidt 2005; Forsa 2003; Bergmann/Wetzel 2003; American Jewish Committee 2002; Brähler/Richter 2002; Zick/Küpper 2005. Die Statistiken der Bundes- und Landeskriminalämter lassen ebenfalls einen Anstieg antisemitisch motivierter Straftaten seit dem Jahr 2000 erkennen (vgl. Bundesministerium des Inneren 2000-

der Aus- und Weiterbildung unterstützt werden können, um Antisemitismus als Problematik des alltäglichen professionellen Handelns zu reflektieren und eigene Handlungsmöglichkeiten zu entwickeln und zu erproben.

In diesem Kontext setzt die Untersuchung an. Der Focus richtet sich auf die Perspektiven der pädagogisch Tätigen; ihre Beschreibungen und Deutungen der beruflichen Handlungspraxis werden betrachtet und rekonstruiert. Die zentralen Forschungsfragen lauten: Wie nehmen die Interviewten die Problematik wahr und wie beschreiben sie ihr Handeln in Situationen, in denen sie auf das soziale Phänomen Antisemitismus reagieren? Im Verlauf der Untersuchung wurde die Forschungsfrage in Richtung der Zusammenhänge zwischen der Form der Beobachtung und der Interventionspraxis präzisiert und theoretisch fundiert; der Aspekt der möglichen Handlungsspielräume rückte in das Zentrum forschenden Interesses: Dementsprechend wird nach Handlungsoptionen gefragt, die sich im Kontext einer bestimmten Art und Weise der Beobachtung eröffnen oder schließen.

Das Forschungsinteresse zielt auf eine Rekonstruktion des impliziten Wissens der Akteure in der beruflichen Praxis. Die dokumentarische Methode der Interpretation[4] eignet sich zur Bearbeitung des Forschungsgegenstandes besonders, da sie die impliziten, habitualisierten Wissensbestände der Interviewten in den Blick nimmt und rekonstruiert. In Anlehnung an das Verfahren des problemzentrierten Interviews (Witzel 1982, 1989, 2000) wurden 21 Interviews mit Sozialpädagoginnen geführt,[5] die in Berliner Einrichtungen der offenen Jugendarbeit tätig sind und im direkten Kontakt mit den Jugendlichen

---

2006). Rensmann konstatiert zudem, dass antisemitische Stereotype in öffentlichen Debatten verstärkt offen geäußert werden (vgl. 2004, S. 334ff.).

4 Ralf Bohnsack hat seit Beginn der 1980er Jahre die dokumentarische Interpretation zu einer theoretisch fundierten Auswertungsmethode (weiter-)entwickelt (vgl. Ders. 1983, 1989, 2006, 2007; Bohnsack/Nentwig-Gesemann/Nohl 2001), die in verschiedensten sozialwissenschaftlichen Forschungsfeldern praktisch erprobt wurde (für einen Überblick vgl. Nohl 2006, S. 14). In der Ausarbeitung der methodologischen Grundlagen bezieht sich Bohnsack auf die Wissenssoziologie Karl Mannheims, auf die Ethnomethodologie Harold Garfinkels und die Forschungsarbeiten der Chicagoer Schule (vgl. Bohnsack 2007, S. 57-68).

5 Die Auswahl der Interviewpartner erfolgte in Anlehnung an das theoretische Sampling (vgl. Glaser/Strauss 1998, S. 51ff.)

stehen. Das erhobene Material wurde mit der dokumentarischen Methode interpretiert: Dazu wurden die Interviews nicht nur daraufhin rekonstruiert, welche Themen in ihnen angesprochen werden, sondern auch analysiert, wie, d.h. in welchem (Orientierungs-)Rahmen diese Themen von den Sozialpädagogen bearbeitet werden. Bei dieser Auswertung kommt dem Vergleich zwischen den Interviews eine besondere Bedeutung zu, da nur so solche typischen Formen der Beobachtung und Intervention herausgearbeitet werden können, die quer zu den einzelnen Fällen liegen und über verschiedene Fälle hinweg zu finden sind.[6] Die weiter unten rekonstruierten Erfahrungen und Orientierungen beruhen also auf den entsprechenden Darstellungen mehrerer interviewter Personen.

Der Arbeit liegt eine Begriffsdefinition zugrunde, die Antisemitismus als soziales Phänomen beschreibt, das unabhängig vom Dasein und Verhalten von Jüdinnen existiert und funktioniert, kurz: „Antisemitismus ist das Gerücht über die Juden" (Adorno 2001, S. 200). Historisch und ideologiekritisch betrachtet, dienen antisemitische Aussagen und Deutungen dazu, komplexe Probleme scheinbar verständlich und mit einer Schuldzuweisung an Juden zu erklären. Seit dem 19. Jahrhundert dient Antisemitismus als Welterklärungsformel „für die nichtverstandenen Entwicklungstendenzen der bürgerlichen Gesellschaft" (Rürup 1975, S. 91). Antisemitismus geht mit dichotomisierenden Konstruktionen von Gruppen und Kollektiven vorgestellter Gemeinschaften einher, mit identitären Effekten, die mit einer Aufwertung der nichtjüdischen konstruierten (Eigen-)Gruppe verbunden sind. Die dem Antisemitismus inhärente Differenzkonstruktion gestaltet den Möglichkeitsraum von Aus- und Abgrenzung sowie von Feindseligkeit gegenüber denjenigen Menschen, denen Jüdischsein zugeschrieben wird. Antisemitismus bedeutet im Alltag dieser Menschen immer auch Gewalt, die sich in Form von Ablehnung, Diskriminierung und Verfolgung ausdrücken kann.

Klärt der vorangehende Abschnitt einige theoretische Ausgangspunkte der Untersuchung, soll es im Folgenden um die empirische

---

6 Anwendungsorientierte Darstellungen der dokumentarischen Methode finden sich u.a. in Bohnsack (2007); Bohnsack/Nentwig-Gesemann/Nohl (2001); zur Auswertung von Leitfadeninterviews vgl. Nohl (2006).

Studie und deren Ergebnisse gehen. Im nachstehenden Abschnitt werden deren zentrale Ergebnisse vorgestellt und daran anschließend Aussagen zu ihrer Praxisrelevanz formuliert.

2 Beobachtungs- und Interventionsformen der Professionellen: zentrale Untersuchungsergebnisse

Mit der vergleichenden Analyse der Interviews und der Identifizierung typischer Beobachtungs- und Interventionsformen eröffnet die Arbeit einen Einblick in die Handlungspraxis von Jugendpädagoginnen. Die Studie dokumentiert auf Grundlage der Rekonstruktionen, auf welch unterschiedliche Art und Weise die Interviewten (berufsspezifisch und insbesondere im Kontext Antisemitismus) Beobachtungen anstellen – anders ausgedrückt: die soziale Wirklichkeit wahrnehmen und gestalten – und mit ihrem Gegenüber, den Jugendlichen, interagieren. In typisierender Absicht lässt sich zwischen einer stereotypisierenden und einer immanenten Beobachtungs- und Interventionsform sowie dem Typus einer rekonstruktiven Beobachtung(shaltung), die mit Interventionen verbunden ist, die als reflexiv und praxeologisch bezeichnet werden können, unterscheiden. Die Art und Weise, in der die Jugendpädagoginnen beobachten, ist zumeist habitualisiert. In ihren Interventionen greifen die Pädagogen auf verschiedene Methoden und Strategien zurück, wobei der Form der Beobachtung die Funktion des impliziten, handlungsleitenden Wissens zukommt. Während bestimmte Beobachtungsweisen Handlungsspielräume eröffnen, führen andere Formen dazu, Handlungsmuster einzuspuren und zu verfestigen, wobei sich der Spielraum bzw. die Anzahl der Handlungsoptionen verringert. Diese beschreibbaren Wahrnehmungsstrukturen und -unterschiede werden nun näher erläutert.

Eine *stereotypisierende Beobachtung* zeigt sich in einem generalisierenden Gebrauch von Sprache; Pädagogen reden hier themenübergreifend von der lebensweltlichen (Erfahrungs-)Ebene abgehoben, sie verwenden abstrahierende, theoretisierende Argumentationen. Diese Form der Darstellung zeigt sich u. a. in einem Reden *über* die Jugendlichen, das Wertungen und stereotype Zuschreibungen enthält. So stellt eine Pädagogin die Besucher der Einrichtung anhand folgender Aussage vor: *„det sind allet ausländische Jugendliche [ ], die sind jetzt, ach würd' ick sagen, alle so Balkan".* Im Interview vermitteln die Pädagoginnen, in deren Schilderungen sich ein stereotypisierendes Muster rekonstruieren ließ, ihre Meinung zum Thema Antisemitismus auf spezifische Weise. Im Vordergrund steht ein Bezug auf das (eigene) theoretische Wissen, das an die Jugendlichen im Sinne von richtigen Antworten kommunikativ bzw. strategisch[7] vermittelt wird. In den Argumentationen zeigen sich antisemitische Bilder, die auf Konstruktionen einer vorgestellten Gemeinschaft (im Sinne von Anderson 1996, S. 15f.) basieren. So vermittelt die folgende Aussage, die im Kontext einer Argumentation über eine Instrumentalisierung der Erinnerung an den Holocaust durch Überlebende steht, Figuren des sekundären Antisemitismus[8]: *„ick denke, det muss endlich 'ne jesunde, 'n gesunder Umgang und ne Öffentlichkeit hin, um eben nich' die Masse der Juden zu verunglimpfen, sondern sagen, es ist, weeß ich jetzt, denk' an Bloomberg, es ist Bloomberg und nich' die Juden, es is' der Konzern, der is' et, weeßte oder es is' die jüdische Gemeinde, die uns hier ausbluten lassen will".* Der Versuch des Differenzierens verbleibt auf der Ebene von Gruppenkonstruktionen zwischen einer Wir- und einer Fremdgruppe. Unter Verwendung nationalsozialistischer Begriffe werden „der jüdischen Gemeinde" und „dem Konzern" unlautere Interessen im Kontext von Entschädigungszahlungen unterstellt.

In Abgrenzung zu dieser Typik konnte eine *immanente Beobachtungs- und Interventionsform* rekonstruiert werden: Die Interviewten nehmen zentral die kommunikativen Äußerungen des Gegenübers in den Blick. Im Vergleich zur stereotypisierenden Beobachtung verbleibt die Darstellung also nicht vollständig losgelöst vom Gegenüber. Die Interviewten beziehen sich auf den Sinngehalt des Gesagten bzw.

---

7 Zur Differenzierung von kommunikativem und strategischem Handeln vgl. Habermas (1992).

8 Der Begriff sekundärer Antisemitismus beschreibt eine Form des Antisemitismus, die sich nach dem Ende der nationalsozialistischen Judenvernichtung – „wegen Auschwitz" (Diner 1987, S. 186) – herausbildete. Er rekurriert auf den Versuch, die für die Tätergesellschaft belastenden Folgen den Opfern anzulasten (vgl. Rommelspacher 1995, S. 45ff.). Eine Bedingung des sekundären Antisemitismus liegt in der mangelnden Auseinandersetzung mit dem NS innerhalb der deutschen Tätergesellschaft begründet.

auf das wörtlich Vermittelte. Hier zeigt sich eine Beobachtungshaltung, die Anklänge an den in der ethnografischen Forschung beheimateten Begriff des going native[9] findet: Pädagoginnen bauen eine verständnisorientierte Nähe zum Gegenüber auf, wobei die wahrgenommenen Äußerungen nicht nur sinnverstehend nachvollzogen werden. Vielmehr bemühen sich die pädagogischen Akteure, die betreffenden Äußerungen auch in den eigenen Sprachgebrauch zu integrieren. So stellt eine Pädagogin die Jugendlichen, mit denen sie arbeitet, im Interview mit folgender Aussage vor: *„wir haben Kurden auch einige Kurden so türkische, det hör'n se ja nich' gern aber von der türkischen Seite und [ ]na aber wie gesagt allet Kurden ja ick möchte det betonen, det is ihnen sehr wichtig".* In der Aussage dokumentiert sich eine Wahrnehmung und Anerkennung der Selbstbezeichnung der Jugendlichen durch die Pädagogin. Problematisch wird dieser Umgang jedoch, wenn die Bezeichnungen unkritisch übernommen werden, sie mutieren auf diesem Wege zu einer ethnisierenden Zuschreibung, wobei vielfältige Erfahrungshintergründe der Jugendlichen selbst und damit mögliche Handlungsoptionen aus dem Blick geraten. Im Kontext des Themas Antisemitismus kommt es im Zusammenhang dieser als immanent bezeichneten Beobachtungsform zu kommunikativen Interventionen, in deren Verlauf stereotypen Aussagen selten sinnlogisch widersprochen wird. So reagiert eine Pädagogin auf die Aussage, dass *„Israelis äh Juden kleine Kinder umbringen",* mit der Formulierung *„guck´ mal und bringt doch nicht jeder ( )".* Der nicht beendete Satz scheint sich auf den Sinngehalt der Aussage zu beziehen und könnte, sinnvoll zu Ende geführt, heißen: ‚und bringt doch nicht jeder Israeli äh Jude kleine Kinder um'. Im Zuge eines verständnisorientierten Zugangs und auf der Basis von Differenzkonstruktionen zwischen „guten" und „schlechten" Juden erfahren stereotype Vorstellungen – in diesem Falle betrifft es das Bild des jüdischen Kindesmörders – letztlich aber eine Bestätigung. Diese Form der immanenten Beobachtung und Intervention schließt ein berufsspezifisches Rollenverständnis

---

9   Mit diesem Fachbegriff wird in der Ethnomethodologie ein Prozess bezeichnet, in dessen Verlauf sich ein Feldforscher während der Forschungsarbeit in die Alltagspraxis der „Untersuchten" einübt und die Sicht der zu beobachtenden Akteure übernimmt.

ein, das eine symmetrische Kommunikation und egalitäre Beziehung mit den Jugendlichen anstrebt. Diese Haltung wird kaum strategisch eingesetzt, um den Kontakt mit den Jugendlichen zu gestalten, sie bildet – bei denjenigen Pädagogen, anhand derer dieser Typus herausgearbeitet wird – vielmehr die Basis des beruflichen Handelns überhaupt.

In Übereinstimmung mit einer immanenten Beobachtung beziehen sich auch Interviewte, deren Beobachtung als *rekonstruktiv* bezeichnet wird, auf die kommunikativen Äußerungen des Gegenübers. Sie verbleiben jedoch nicht auf der immanenten Ebene der Aussagen, eingenommen wird vielmehr eine genetische Suchhaltung, die nach Funktionen und Kontexten fragt, in der die Aussagen für die Jugendlichen selbst stehen. Insofern ähnelt eine rekonstruktive Beobachtung dem Vorgehen eines empirischen Forschers, der sich auf die Suche nach dem impliziten Gehalt und der Funktion eines Textes begibt. Deutlich wird dies in einem differenzierenden und detaillierenden Gebrauch von Sprache in der folgenden Aussage einer Pädagogin: *„was sehr wohl eine Rolle spielt, ist wir Araber und die Deutschen, also, dass ich dann mich mit denen hinsetze und sage, wo bist du geboren (.) in Berlin (.) ja, ich nicht, du bist mehr Berliner als ich, also da noch mal zu thematisieren, na ja, du lebst hier in Deutschland und du bist eigentlich Berliner, und nicht die Berliner und wir, sondern du gehörst dazu, und dies du gehörst dazu ist teilweise eine Verantwortung, teilweise aber auch ein ähm gar nicht dazu gehören wollen und dann wieder doch dazu gehören wollen, na ja, Identitätsfindung, die werden zu Hause auch oft sagen, ich bin Deutscher, und dann auf der Straße sagen sie, ich bin Araber, sich von keinem was sagen lassen wollen"*. Zu erkennen ist ein von Anerkennung und Verständnisinteresse geprägter Umgang mit dem Gegenüber. Die wahrgenommenen Selbstbezeichnungen der Jugendlichen (*„wir Araber"*) übernimmt die Interviewte nicht in den eigenen Sprachgebrauch, sie analysiert diese vielmehr als Ausdruck einer totalen Identifizierung.[10]

---

10   Eine totale Identifizierung liegt dann vor, wenn ein spezifischer Erfahrungshintergrund, wie beispielsweise eine arabische oder deutsche Herkunft, einer Person oder einer Gruppe in der Form zugeschrieben wird, dass die Vielfalt weiterer Erfahrungsdimensionen unbenannt bleibt. In der kommunikativen Aussage wird der ausschließlich wahrgenommene Aspekt „zum übergreifenden Rahmen der sozialen Identifizierung". (Bohnsack/Nohl 2001, S. 19). Mit der Konstruktion einer tota-

Angedeutet ist ein Interesse an den Plausibilisierungen und Motiven der Jugendlichen selbst, im weiteren Verlauf des Interviews zeigt sich, inwiefern die – hier lediglich angedeutete – Suche nach der Funktion von Handlungen der Interviewten ermöglicht, einen von Vertrauen geprägten Zugang zu erhalten und ein Infragestellen identifikatorischer Aussagen zu initiieren. Grundsätzlich unterscheidet sich eine rekonstruktive Beobachtung signifikant von den anderen typischen Beobachtungsformen dadurch, dass die Interviewten neben der kommunikativen Äußerung des Gegenübers auch dessen alltagsweltliches Erleben in den Blick nehmen. Diese Form der rekonstruktiven Beobachtung eröffnet grundsätzlich zwei Wege, die in der Intervention beschritten werden können: die kommunikative und die alltagspraktische Handlungsebene werden gleichermaßen berührt. Im Vollzug einer Intervention vermitteln Pädagoginnen keine (letzten) Antworten im Sinne eines wahren Wissens an die Jugendlichen (wie es Pädagogen tun, deren Beobachtung als stereotypisierend bezeichnet wurde), sie hinterfragen das Gesagte, indem sie als Gegenhorizont kommunikative Aussagen oder alltagspraktische Erfahrungen des Gegenübers aufrufen, die im Widerspruch zu den Handlungen oder Äußerungen stehen, die als problematisch wahrgenommen werden. So konfrontiert ein Pädagoge einen Jugendlichen, der seine Absicht äußert, Selbstmordattentäter zu werden und dies mit einer palästinensischen Herkunft und Opferidentität begründet, mit dessen eigener Aussage, die konträr dazu steht: *„ich hab' Bezug genommen, als wir in X-Stadt äh auf der Reise waren, die haben nicht gesagt, die sind coole Araber, sondern die hab'n gesagt, wir sind coole Neustädter oder so was, wenn sie mit Mädels zum Beispiel irgendwie geflirtet hab'n oder angemacht hab'n, ja hier ist alles voll Scheiße, die U-Bahn ist Scheiße, bei uns in Neustadt alles gut und alles besser"*. Er stellt den Aussagen des Jugendlichen, die er als ideologisch überformt wahrnimmt, die konkrete Alltagsrealität entgegen: *„im Libanon ist das nich' so, im Flüchtlingslager hier und da, es is' nicht so und dein Leben ist hier, es geht um deine Zukunft und das hat mit dem äh Leiden und Krieg äh da wenig zu tun, es geht um deine Perspektive und es geht um dich"*. Der Pädagoge lässt sich nicht auf Diskussionen über ideologi-

---

len Identität sind im Verständnis Garfinkels Prozesse der Separierung und des ‚Fremdmachens' verknüpft (vgl. ebd.).

sche Überzeugungen ein, in deren Verlauf er sich selbst in stereotype Argumentationen verstricken könnte, er verpflichtet den Jugendlichen auf dessen eigene Erfahrungen im Alltag. Ein detailliertes Beobachten der alltagspraktischen Handlungs- und Erfahrungsebene und der kommunikativen Äußerungen von Jugendlichen sowie deren Inbezugsetzen eröffnet Pädagogen, deren Beobachtungshaltung als rekonstruktiv bezeichnet werden kann, die Möglichkeit, dem Geltungsanspruch stereotyper und ideologischer Aussagen sinnvoll und erfahrungsnah zu widersprechen.

3 Praxisrelevanz

Für das pädagogische Handeln im Umgang mit wahrgenommenem Antisemitismus zeigt sich, dass eine rekonstruktive Beobachtungshaltung Handlungsspielräume eröffnet, die sich sowohl auf die Ebene kommunikativer Äußerungen als auch auf das alltagspraktische Handeln beziehen. Stereotypen und ideologischen Äußerungen wird begegnet, indem eine Differenz zwischen generalisierenden Äußerungen und der damit unverbundenen alltagsweltlichen Erfahrungsebene problematisiert wird. Als unabdingbare Voraussetzung gestaltet sich, so zeigt das empirische Material, ein pädagogischer Bezug, der eine von (gegenseitigem) Vertrauen geprägte Beziehung zum Gegenüber aufbauen und kontinuierlich aktualisieren hilft. Gefordert ist keineswegs Kritiklosigkeit gegenüber den Jugendlichen, vielmehr geht es um die Fähigkeit, eine distanzierte Beobachtungshaltung einzunehmen, den Meinungen, Handlungen und Erfahrungen des Gegenübers mit Offenheit zu begegnen und die Person als solche ernst zu nehmen. Die hier in aller Kürze präsentierten Ergebnisse der Arbeit aktualisieren Forderungen aus dem erziehungswissenschaftlichen Fachdiskurs, die für eine verstärkte Vermittlung qualitativer Forschungsmethoden in Ausbildungs- und Weiterbildung für Jugendpädagoginnen plädieren.[11]

---

11 Diesbezügliche Forderungen finden sich beispielsweise in Müller/Schmidt/Schulz (2005), S. 48. Zur Bedeutung ethnografischer Methoden in der Jugendarbeit vgl. auch Lindner (2000) .

Eine inhaltliche Positionierung verschränkt sich bei denjenigen Interviewten, deren Beobachtungshaltung als rekonstruktiv bezeichnet werden kann, mit theoretischem Wissen[12] über Antisemitismus und einer Orientierung an universellen Werten: Diese Haltungen lassen sich grundlegend am differenzierten Umgang mit Sprache erkennen. In ihren Interventionen in Reaktion auf wahrgenommenen Antisemitismus steht für diese Interviewten jedoch nicht die Vermittlung ihrer persönlichen Position im Vordergrund, sie suchen vielmehr nach dem verborgenen Sinn, den die betreffende Aussage für das Gegenüber selbst ergibt bzw. ergeben könnte und setzen mit ihren Interventionen auf dieser Ebene an. Darüber hinaus illustrieren die Ergebnisse der Typenbildung, dass in der Aus- und Weiterbildung von Jugendpädagogen – neben der Vermittlung von theoretischem Wissen über das Thema Antisemitismus – das *Wie* des pädagogischen Handelns und der Beziehungsarbeit im Vordergrund stehen sollte. Synergien ergeben sich m. E., wenn das Erlernen rekonstruktiver Methoden der Sozialforschung an Fragen des pädagogischen Bezugs gekoppelt wird: Gelingt dies, ist zu erwarten, dass sich eine neugierige Analysehaltung mit einer distanzierten Beobachterposition verbindet, die dem Gesagten des Gegenübers nicht mit einer vorschnellen Entgegnung oder Wertung begegnet. Vielmehr steht eine Suche nach der potenziellen Funktion der Aussage im Vordergrund, die eine Handlungsweise ermöglicht, mit der ein Nachdenken über die jeweilige Aussage initiiert und deren Geltung gleichzeitig widerlegt wird.

---

12   Theoretisches Wissen über Antisemitismus kann jedoch nicht die alleinige Antwort auf die Frage nach dem Umgang mit Antisemitismus liefern, grundsätzlich müssen Fragen des pädagogischen Zugangs mitbedacht werden: Wird theoretisches Wissen von der Überzeugung flankiert, über das richtige Wissen zu verfügen, prägt dies nicht nur den Umgang mit den Jugendlichen, sondern steht mit einer generalisierenden, stereotypisierenden Form der Beobachtung im Zusammenhang, die mit der Formulierung und Vermittlung von Stereotypen einhergeht. Zudem ist es interessant, einen Blick auf das empirische Material bezüglich der Frage, welche Pädagoginnen theoretisches Wissen für relevant erachten, zu werfen. Während Interviewte, deren Beobachtungshaltung als stereotypisierend bezeichnet wird, keinen Wissensbedarf zum Thema Antisemitismus formulieren, wird dies von einer Fachkraft, deren Beobachtungshaltung als immanent bezeichnet wird, konkret geäußert.

Literatur

Adorno, Theodor W. (2001): Minima Moralia. Frankfurt a.M.: Suhrkamp.

American Jewish Committee (2002): Die Einstellung der Deutschen zu Juden, dem Holocaust und den USA, eine Erhebung der Infratest Sozialforschung. Berlin.

Anderson, Benedict (1996): Die Erfindung der Nation. Zur Karriere eines folgenreichen Konzepts. Frankfurt a.M./New York: Campus.

Bergmann, Werner/Wetzel, Juliane (2003): Manifestations of Anti-Semitism in the European Union, http://eumc.eu.int/eumc/material/pub/FT/Draft_anti-Semitism_report-web.pdf (Stand 1.2.2005)

Bohnsack, Ralf (1983): Alltagsinterpretation und soziologische Rekonstruktion. Opladen: Westdeutscher Verlag.

Bohnsack, Ralf (1989): Generation, Milieu und Geschlecht. Opladen: Leske + Budrich.

Bohnsack, Ralf (2006): Qualitative Evaluation und Handlungspraxis – Grundlagen dokumentarischer Evaluationsforschung. In: Flick, Uwe: Qualitative Evaluationsforschung. Konzepte Methoden Umsetzungen, S. 135–154. Reinbek bei Hamburg: Rowohlt.

Bohnsack, Ralf (2007): Rekonstruktive Sozialforschung. Einführung in qualitative Methoden. 6. Auflage. Opladen/Farington Hills: Barbara Budrich.

Bohnsack, Ralf/Nentwig-Gesemann, Iris/Nohl, Arnd-Michael (2001) (Hg): Die dokumentarische Methode und ihre Forschungspraxis. Grundlagen qualitativer Sozialforschung. Opladen: Leske + Budrich.

Bohnsack, Ralf/Nohl, Arnd-Michael (2001): Ethnisierung und Differenzerfahrung: Fremdheiten der Identität und des Habitus. In: Zeitschrift für qualitative Bildungs-, Beratungs- und Sozialforschung. 1/2001, S. 15–36.

Brähler, Elmar/Richter, Horst-Eberhardt (2002): Politische Einstellungen in Deutschland: Ergebnisse einer repräsentativen Erhebung, http://www.uni-leipzig.de/presse2002/bild/pdf/pressemappe_braehler.pdf.

Bundesministerium des Inneren, Verfassungsschutzberichte 2002–2006, einsehbar unter: http://www.verfassungsschutz.de/de/publikationen/verfassungsschutzbericht/ (Stand 12.10.2007)

Diner, Dan (1987): Negative Symbiose. Deutsche und Juden nach Auschwitz. In: ders. (Hg.): Ist der Nationalsozialismus Geschichte? Zu Historisierung und Historikerstreit, S. 185-197. Frankfurt a.M.: Fischer Taschenbuch Verlag.

Forsa (Hg.) (2003): Studie zum Antisemitismus in Deutschland. Berlin.

Glaser, Barney/Strauss, Anselm (1998): Grounded Theory. Strategien qualitativer Forschung. Bern/Göttingen/Toronto/Seattle: Verlag Hans Huber.

Habermas, Jürgen (1992): Nachmetaphysisches Denken. Philosophische Aufsätze. Frankfurt a.M.: Suhrkamp.

Heyder, Aribert/Iser, Julia/Schmidt, Peter (2005): Israelkritik oder Antisemitismus? Meinungsbildung zwischen Öffentlichkeit, Medien und Tabus. In: Heitmeyer, Wilhelm (Hg): Deutsche Zustände. Folge 3, S. 144-165. Frankfurt a.M.: Suhrkamp.

Lindner, Werner (2000): „Ich sehe was, was Du nicht siehst" – Ethnographische Kompetenz in der Jugendarbeit. In: Ethnographische Methoden in der Jugendarbeit. Zugänge, Anregungen und Praxisbeispiele, S. 67-90. Opladen: Leske + Budrich.

Mannheim, Karl (1980): Strukturen des Denkens. Frankfurt a.M.: Suhrkamp.

Meuser, Michael/Nagel, Ulrike (2003): Das Expertinneninterview. In: Friebertshäuser, Barbara/Prengel, Annedore (Hg.): Handbuch qualitative Sozialforschung in der Erziehungswissenschaft, S. 481-491. Weinheim/München: Juventa.

Müller, Burkhard/Schmidt, Susanne/Schulz, Marc (2005): Wahrnehmen können. Jugendarbeit und informelle Bildung. Freiburg im Breisgau: Lambertus.

Nohl, Arnd-Michael (2006): Interview und dokumentarische Methode. Anleitungen für die Forschungspraxis. Wiesbaden: Verlag für Sozialwissenschaften.

Rensmann, Lars (2004): Demokratie und Judenbild. Antisemitismus in der politischen Kultur der Bundesrepublik Deutschland. Wiesbaden: Verlag für Sozialwissenschaften.

Rommelspacher, Birgit (1995): Schuldlos – schuldig? Wie sich junge Frauen mit Antisemitismus auseinandersetzen. Hamburg: Konkret Literatur Verlag.

Rürup, Reinhard (1975): Emanzipation und Antisemitismus: Studien zur ‚Judenfrage' der bürgerlichen Gesellschaft. Göttingen: Fischer.

Witzel, Andreas (1982): Verfahren der qualitativen Sozialforschung. Überblick und Alternativen. Frankfurt a.M./New York: Campus.

Witzel, Andreas (1989): Das problemzentrierte Interview. In: Jütte-mann, Gerd (Hg.): Qualitative Forschung in der Psychologie, S. 227–255. Heidelberg: Asanger Roland Verlag.

Witzel, Andreas (2000, Januar). Das problemzentrierte Interview [26 Absätze]. Forum Qualitative Sozialforschung / Forum: Qualitative Social Research [On-line Journal], 1(1). Verfügbar über: http://www.qualitative-research.net/fqs-texte/1-00/1-00witzel-d.htm [Datum des Zugriffs: 13.8.2007].

Zick, Andreas; Küpper, Beate (2005): Transformed Anti-Semitism – A Report on Anti-Semitism in Germany. In: Journal für Konflikt- und Gewaltforschung, 7. Jg., 1/2005. Bielefeld: Universität Biel-feld, S. 50–92.

Stefanie Sauer

Kooperationsprozesse in Dauerpflegeverhältnissen – eine fallrekonstruktive Einzelfallstudie

1   Einleitung

W enn ein Kind dauerhaft in einer Pflegefamilie untergebracht wird, entsteht ein Beziehungsgefüge, das sich in der Praxis sozialer Arbeit vor allem hinsichtlich der Zusammenarbeit zwischen der Herkunftsfamilie und der Pflegefamilie und der Frage nach Besuchskontakten zwischen dem Pflegekind und seinen Herkunftseltern äußerst konflikt- und spannungsgeladen darstellt. Die Schwierigkeit für Fachkräfte der Jugendhilfe, zwischen den widersprüchlichen Interessen und Rechten aller Beteiligten zu vermitteln und die Umgangssituationen im Interesse des Kindes zu gestalten, ist im Kontext einer kontroversen Fachdiskussion um die Bedeutung der leiblichen Eltern für das Pflegekind zu verstehen. Diese spitzt sich bis heute in der Ablehnung bzw. Befürwortung von Kontakten zwischen Herkunftseltern und Pflegekind und der Möglichkeit von partnerschaftlicher Zusammenarbeit zwischen Pflege- und Herkunftseltern zu.[1]

2   Fragestellung

Im Mittelpunkt meines Forschungsprojektes stand die Frage, wie innerhalb eines Pflegeverhältnisses die Beteiligten ihre soziale Wirklichkeit herstellen und mit den hieraus entstehenden Konfliktlagen umgehen. Ziel der Untersuchung war es, Aspekte, die für das Gelingen und Misslingen von Kooperation zwischen Pflegefamilie und Herkunftsfamilie verantwortlich sein können, zu entdecken und hier-

---

1   Diese beiden konkurrierenden Pflegefamilienkonzepte sind bekannt als Ersatzfamilienkonzept (Nienstedt/Westermann 1990) und Ergänzungsfamilienkonzept (DJI 1987).

aus Anregungen für die sozialarbeiterische Praxis zu entwickeln. Besondere Aufmerksamkeit wurde der Perspektive des Pflegekindes auf seine Situation als Kind mit zwei Familien beigemessen.

3 Methodisches Vorgehen

Um einen möglichst umfassenden Überblick über das Interaktionsfeld aus verschiedenen Perspektiven zu erhalten, habe ich mich für ein ethnografisches Vorgehen im Rahmen einer Einzelfallstudie nach dem konzeptionellen Ansatz der fallrekonstruktiven Familienforschung entschieden (Hildenbrand 1999). Für die Untersuchung wurde ein Pflegeverhältnis ausgewählt, in dem die Zusammenarbeit von den Beteiligten als gelungen bezeichnet wurde. Durch die Erforschung von gelingendem Leben sollte, wie Wendt sagt: „Rat gewonnen werden, wie in problematischen Verhältnissen gehandelt werden kann" (Wendt 1999). Es wurden alle Mitglieder der Pflege- und Herkunftsfamilie dieses Pflegeverhältnisses in die Studie einbezogen und zunächst in biografisch-narrativen Einzelinterviews befragt. Neben den subjektiven Sichtweisen wurden durch Familiengespräche und teilnehmende Beobachtung von Besuchskontakten Interaktionssituationen selbst zum Erhebungsgegenstand (Hildenbrand 1999; Kraimer 2000). Ein solches multiperspektivisches Vorgehen wurde an diesem Untersuchungsgegenstand bisher noch nicht erprobt.

4 Ergebnisse der Fallrekonstruktion

Die besondere Herausforderung für gelingende Kooperationsprozesse liegt darin, geeignete Umgangsstrategien für die nicht auflösbaren strukturellen Widersprüche von Pflegeverhältnissen[2] zu entwickeln.

---

2   Gemessen an den soziologischen Bestimmungsmerkmalen von Familien (z.B. Oevermann 1996) konstituiert sich mit der Inpflegegabe eines Kindes in eine fremde Familie eine neue, widersprüchliche Struktur familiären Zusammenlebens, die nicht den gängigen Erwartungen an Elternschaft entspricht.

Die Studie öffnet den Blick auf die Voraussetzungen und Probleme, die aus der Forderung nach Zusammenarbeit von Pflegefamilie und Herkunftsfamilie für alle Beteiligten erwachsen.

Die beteiligten Erwachsenen der Fallstudie haben Möglichkeiten gefunden, ihre Kooperation konstruktiv und gelingend zu gestalten. Die Fallrekonstruktion verdeutlicht allerdings, dass die Chancen auf eine „echte" Kooperation und damit auf eine Bewältigung der unterschiedlichen Interessen, Erwartungen und Loyalitätsverpflichtungen im Interesse des Pflegekindes nicht genutzt wurden.

Wie die meisten Pflegeeltern folgen die Pflegeeltern dieser Fallstudie einem Ersatzfamilienkonzept und entwickeln eine defizitorientierte Sicht auf Herkunftseltern, die für eine gelingende Kooperation eher ungünstige Voraussetzungen mit sich bringt. Die zentralen Probleme derartiger Pflegeverhältnisse sind die Konkurrenz um die primäre Bedeutung als Bezugspersonen für das Kind und die Konstanz des Pflegeverhältnisses. Wie die Kooperationsdynamik sich in diesem Fall entwickelt, zeichnet sich in der Schlüsselkategorie (vgl. Strauss 1998) dieser Fallrekonstruktion ab:

Die Konstanz des Pflegeverhältnisses gelingt unter der Bedingung, dass es zur Konstituierung einer handlungsfähigen familiären Triade in der Herkunftsfamilie nicht kommt. Die Integration der Mutter in das Pflegeverhältnis nimmt die Form einer Bindung als quasi-Tochter an die Ziele und Vorstellungen der Pflegeeltern an, während sich der leibliche Vater aus dem Pflegeverhältnis zurückzieht bzw. ausgegrenzt wird.

Obwohl die Eltern zum Zeitpunkt der Entscheidung zur dauerhaften Unterbringung ihres Kindes als Ehepaar zusammenleben, gestaltet sich die Zusammenarbeit zwischen der Pflegefamilie und der Herkunftsfamilie analog zu der Situation einer allein erziehenden Mutter. Die Ausgrenzung bzw. der Rückzug des Vaters als abwesendes Elternteil spielt eine wichtige Rolle für den Verlauf dieser Zusammenarbeit. Die Zusammenarbeit zwischen Pflege- und Herkunftsfamilie könnte vor diesem Hintergrund gleichzeitig als gelungen und misslungen betrachtet werden.

Folgende Aspekte, die für das Gelingen und Misslingen von Kooperationsbeziehungen in dauerhaften Pflegeverhältnissen instruktiv sind, konnten herausgearbeitet werden:

101

- Ob Kooperation als gelungen bezeichnet werden kann, ist perspektiven- und betrachterabhängig.
- Das Gelingen von Kooperationsbeziehungen erfordert eine Vertrauensbeziehung zwischen Pflegefamilie und Herkunftsfamilie. Die Konstituierung signifikanter sozialer Beziehungen bewirkt bei Herkunftseltern das subjektive Gefühl des Verstandenwerdens.
- Die Art und Weise der Kooperation zwischen Pflegeeltern und Herkunftseltern hängt entscheidend davon ab, ob und wie die individuellen und familienbiografischen Muster zusammenpassen.
- Gelingende Kooperation kann bei Herkunftseltern das subjektive Gefühl der Rehabilitierung als Eltern bewirken.
- Kooperationsbeziehungen können sich dann einstellen, wenn beide Elternpaare bzw. beide Familien hiervon profitieren können. Die Pflegeeltern und die Herkunftsmutter der Fallstudie ergänzen und erfüllen wechselseitig Ansprüche an die jeweilige Lebensführung.
- Eine fehlende Verständigung über die Ziele und Differenzen zwischen Pflegefamilie und Herkunftsfamilie verhindert eine gleichberechtigte Kooperation. Die Konkurrenz zweier Elternpaare um die primäre Bedeutung für das Kind und die damit verbundenen Rollenkonflikte werden nicht bearbeitet, sondern durch die Wirkungskraft der fallspezifischen Bewältigungsstrategie (vgl. Schlüsselkategorie) kaschiert.
- Die gemeinsame Wirklichkeitskonstruktion zwischen den Pflegeeltern und den Herkunftseltern schafft eine Kooperationsgemeinschaft, die unter dem Motto der Konkurrenzvermeidung wesentliche Bedürfnisse und Interessen des Kindes übersieht. Die unausgehandelten Rollenkonflikte und Konkurrenzen werden in diesem Pflegeverhältnis auf das Pflegekind umgeleitet und stellen es vor hohe Anforderungen.

Die Programmatik im untersuchten Pflegeverhältnis ermöglicht zwar eine von den Pflegeeltern und der Herkunftsmutter als gelungen empfundene Kooperation, steht jedoch den Bedürfnissen des Pflegekindes nach Information über den Grund der Unterbringung und nach Rollenklarheit und Rollenabstimmung beider Elternpaare für seine Identitätsentwicklung entgegen.

Über die binationale Partnerschaft der leiblichen Eltern (der Vater stammt aus Ghana, die Mutter aus Deutschland) und die durch die Hautfarbe sichtbare Herkunft des Vaters wurde hier die Bedeutung, die leibliche Eltern für Pflegekinder und ihre Identitätsentwicklung einnehmen, unhintergehbar; die Schwierigkeiten, die für Pflegekinder damit verbunden sein können, wenn Pflegeeltern die leiblichen Eltern ersetzen wollen, werden hieran deutlich. Dass die Ressourcen der Beteiligten nicht genutzt wurden, das Pflegeverhältnis im Interesse des Pflegekindes zu gestalten, hängt entscheidend mit der fehlenden Beratung und Begleitung des Pflegeverhältnisses (der Pflegefamilie und der Herkunftsfamilie) durch professionelle Fachkräfte zusammen. Die Pflegeeltern befinden sich in der paradoxen Situation, die strukturellen Widersprüche und Konkurrenzen in Eigenregie zu bearbeiten.

5 Zur Praxisrelevanz der vorliegenden Studie:

Das Zusammenarbeitsgebot zeigt exemplarisch, dass die Jugendhilfe zu einem Aufgabenfeld geworden ist, das mit unterschiedlichen Paradoxien und Widersprüchen zu tun hat und erhebliche Methodenkompetenzen der zuständigen Fachkräfte erfordert, um sozialpädagogische Hilfen zur Erziehung lebensweltorientiert und methodisch kontrolliert an den Bedürfnissen und Ressourcen aller Beteiligten auszurichten. Die Auseinandersetzung mit rekonstruktiven Verfahren des Fallverstehens kann Fachkräfte der sozialen Arbeit für klientenorientierte Hilfeprozesse, die Komplexität von Lebensgeschichten und die subjektiven Deutungen der Klientinnen und Klienten sensibilisieren und auf diese Weise den Erfordernissen von Kooperationsprozessen in Pflegeverhältnissen nachkommen sowie der Gefahr entgegenwirken, dass von sozialpädagogischen Fachkräften oder auch Pflegeeltern das zum Problem erklärt wird, was vorab als Problem angenommen wurde (Kerber-Ganse 2004).

Mit der vorliegenden Untersuchung sind Themenbereiche sichtbar geworden, die in der Pflegekinderforschung bislang wenig beachtet wurden. Im Folgenden möchte ich drei Aspekte ausführen, die ich bei der Weiterentwicklung methodischer Konzepte für die konstruktive Gestaltung von Kooperationen in Dauerpflegeverhältnissen für wichtig erachte. Diese betreffen:

a. Die Berücksichtigung kindlicher Sichtweisen im Kontext der Gestaltung von Pflegeverhältnissen

Von besonderer Bedeutung für den Erkenntnisgewinn dieser Studie waren die Interviews mit den Pflegekindern und damit die gleichberechtigte Berücksichtigung der kindlichen Sichtweise im Forschungssetting. Auch wenn die Partizipation von Kindern seit Inkrafttreten des KJHG selbstverständlicher Bestandteil der Hilfeplanung sein soll, werden in der Praxis sozialer Arbeit die Sichtweisen der Kinder im Hilfeplanprozess selten angemessen und mit geeigneten Methoden erfasst. Es erscheint notwendig, Fachkräfte für die Bedeutung der kindlichen Perspektiven zu sensibilisieren. Diese zu rekonstruieren und nicht durch platte Befragung der Kinder zu ermitteln, muss zentrales Anliegen professionellen Handelns werden (vgl. z.B. Hurrelmann/Bründel 2003).

b. Die familiäre Triade

Mit der Rekonstruktion der Position des leiblichen Vaters und seiner Bedeutung für die Identitätsentwicklung des Pflegekindes, wird in meiner Studie ein Thema sichtbar, das im Pflegekinderwesen aus unterschiedlichen Gründen bislang nicht angemessen beachtet wird. Professionelle Fachkräfte der Jugendhilfe können der Frage nach dem Stellenwert der familiären Triade, d.h. der Bedeutung beider Elternteile, ob anwesend oder nicht, in Hilfeplanungsprozessen nicht ausweichen (Hildenbrand 2000).

c. Die Perspektive auf Interkulturalität

Eine weitere wichtige Dimension für die sozialarbeiterische Praxis ergibt sich aus der Zugehörigkeit der Herkunftseltern zu unterschiedlichen Nationen. Die Auseinandersetzung mit der interkulturellen Perspektive, die für das Pflegekinderwesen insgesamt noch aussteht, öffnet den Blick für Ungleichheits- und Differenzverhältnisse auch jenseits der Zugehörigkeit zu ethnischen Minderheiten. In Bezug auf die Gestaltung von Pflegeverhältnissen bedeutet dies vor allem die Entwicklung von Beratungsansätzen, die eine Bearbeitung von Milieuunterschieden ermöglicht (vgl. Gaitanides 2004; Mercheril 1998).

Literatur

Blandow, Jürgen (2004): Pflegekinder und ihre Familien. Geschichte, Situation und Perspektiven des Pflegekinderwesens. Weinheim/München: Juventa Verlag.

Deutsches Jugendinstitut (1987): Bestimmungsmerkmale des „Pflegekinderbereichs". In: Deutsches Jugendinstitut (Hg.): Handbuch Beratung im Pflegekinderbereich, S. 3-20. München: DJI Eigenverlag.

Faltermeier, Josef (2001): Verwirkte Elternschaft? Fremdunterbringung, Herkunftseltern, Neue Handlungsansätze. Münster: Votum.

Gaitanides, Stefan (2004): „Interkulturelle Öffnung der sozialen Dienste – Visionen und Stolpersteine. In: Rommelspacher, Birgit (Hg.): Die offene Stadt. Interkulturalität und Pluralität in Verwaltungen und sozialen Diensten. Dokumentation der Fachtagung vom 23.09.2003, S. 4-18. Tagungsdokumentation Berlin.

Hildenbrand, Bruno (1999): Fallrekonstruktive Familienforschung. Anleitungen für die Praxis. Opladen: Leske + Budrich.

Hildenbrand, Bruno (2000): Wandel und Kontinuität in sozialisatorischen Interaktionssystemen: Am Beispiel der Abwesenheit des Vaters. In: Bosse, Hans/King, Vera (Hg.): Männlichkeitsentwürfe. Wandlungen und Widerstände im Geschlechterverhältnis, S. 168-177. Frankfurt a.M./New York.

Hurrelmann, Klaus/Bründel, Heidrun (2003): Einführung in die Kindheitsforschung. Theorien der kindlichen Persönlichkeitsentwicklung. Weinheim/Basel/Berlin: Beltz.

Kerber-Ganse, Waltraut (2004): Lernwerkstätten im sozialpädagogischen Studium – Forschungspropädeutik als Beitrag zur Professionalisierung im Feld Sozialer Arbeit. In: Hering, Sabine/Urban,

Ulrike (Hg.): Liebe allein genügt nicht S. 109-121. Opladen: Leske + Budrich,.

Kraimer, Klaus (2000): Die Fallrekonstruktion – Bezüge, Konzepte, Perspektiven. In: Kraimer, Klaus (Hrsg.): Die Fallrekonstruktion. Sinnverstehen in der sozialwissenschaftlichen Forschung, S. 23-57. Frankfurt a.M.: Suhrkamp.

Mercheril, Paul (1998): Angelpunkte einer psychosozialen Beratungsausbildung unter interkultureller Perspektive. In: Del Mar Castro Varela, Maria/Schulze, Sylvia/Vogelmann, Silvia/Weiß, Anja (Hg.) (1998): Suchbewegungen. Interkulturelle Beratung und Therapie, S. 287-311. Tübingen: Dgvt-Verlag.

Nienstedt, Monika/Westermann, Arnim (1990): Pflegekinder. Psychologische Beiträge zur Sozialisation von Kindern in Ersatzfamilien. Münster: Votum.

Oevermann, Ulrich (1996): Theoretische Skizze einer revidierten Theorie professionellen Handelns. In: Combe, Arno/Helsper, Werner (Hg.): Pädagogische Professionalität. Untersuchungen zum Typus pädagogischen Handelns, S. 70-182. Frankfurt a.M.: Suhrkamp.

Strauss, Anselm L. (1998): Grundlagen qualitativer Sozialforschung. München: Wilhelm Fink Verlag.

Wendt, Wolf Rainer (1999): In Sozialer Arbeit forschen und für Soziale Arbeit forschen: Überlegungen zu Gegenstand und Methodik. Aus: Deutsche Gesellschaft für Sozialarbeit. Forum für Wissenschaft und Praxis.

Lydia Schambach-Hardtke

Der Vereinigungsprozess zu ver.di aus der Gender-Perspektive

1   Einleitung

Der organisationale Wandel von fünf Einzelgewerkschaften im Frühjahr 2001[1] zur Dienstleistungsgewerkschaft ver.di ist schon beinahe historisch, nimmt man die Schnelllebigkeit unserer heutigen Zeit als Maßstab. Jedoch sind die Untersuchungsergebnisse dieses Vereinigungsprozesses noch immer von Interesse, wenn es darum geht, sich mit Verschiebungen, Umbrüchen und Kontinuitäten einer geschlechtergerechten Partizipation in politischen Organisationen auseinanderzusetzen. Speziell, wenn es um die Beteiligung auf der obersten Hierarchieebene geht, um die Teilhabe an attraktiven Machtpositionen.

Aus dem Diskurs in der Organisationsforschung – insbesondere hinsichtlich des organisationalen Wandels – lässt sich ableiten, dass während einer Zeit der Veränderungen existierende hierarchische Strukturen und organisationale Kulturen neu geordnet werden. Die Handlungs- und Gestaltungsspielräume ähneln in der Zeit des Veränderungsprozesses einem ungeordneten Terrain, auf dem die AkteurInnen versuchen, unter Berücksichtigung organisationaler Interessen, auch die Machtbeziehungen neu zu klären.

Mit diesem Artikel wird zusammenfassend dargestellt, wie die Gewerkschaftsfrauen den Freiraum des Umbruchs nutzten, um ihre Beteiligungspositionen zu verbessern und welche Bedeutung die in der Partizipationsforschung ermittelten spezifischen Einflussfaktoren (Hoecker 1995, S. 28) hatten. Vorab wird die forschungsleitende Fragestellung sowie das methodische Vorgehen bei der Analyse des Ver-

---

1   Folgende Einzelgewerkschaften waren an dem Zusammenschluss beteiligt: Deutsche Angestellten-Gewerkschaft (DAG), Deutsche Postgewerkschaft (DPG), IG Medien, Gewerkschaft Öffentliche Dienste, Transport und Verkehr (ÖTV) und Gewerkschaft Handel, Banken und Versicherungen (HBV)

einigungsprozesses[2] kurz vorgestellt, um abschließend auf die Ergebnisse auf personeller Ebene des letzten Bundeskongresses von ver.di (2007) einzugehen.

Die zentralen Fragen meiner Dissertation waren, inwieweit sich in der Situation einer Neuordnung von fünf Einzelgewerkschaften zu *einer* Dienstleistungsgewerkschaft die Geschlechterasymmetrien relativieren ließen. Wo zeigten sich Wandel und wo Kontinuität in der geschlechtshierarchischen Konstruktion politischer Beteiligung und ergaben sich Unterschiede im Handlungsstil zwischen den Geschlechtern? Hierzu wurde entsprechend der Prinzipien der qualitativen Forschung zur Rekonstruktion des Vereinigungsprozesses die wichtigsten zugänglichen Dokumente wie Protokolle, Anträge, Programme, Beschlüsse etc. inhaltlich aufgearbeitet, leitfadengestützte Interviews mit ExpertInnen geführt sowie die Ergebnisse der teilnehmenden Beobachtungen bei Verhandlungen, Treffen verschiedener ver.di-Projekte, Kongresse, Frauengruppentreffen erfasst und alle Materialien insgesamt ausgewertet.

2 Gewerkschaften und Gender

Gewerkschaften gelten aufgrund ihres historisch gewachsenen Selbstverständnisses als ein besonders patriarchal strukturierter Organisationstyp, dessen Mitglieder in ihren Handlungen durch einen konservativen, kollektiven Habitus geprägt sind. Vor diesem Hintergrund ist der Wirkungsgrad des Reformprozesses auf die politische Partizipation der Frauen den organisationalen Kontext der jeweiligen Herkunftsgewerkschaften und der herrschenden Geschlechterordnung zu berücksichtigen.

2.1 Verhandlungsergebnisse

Zusammengefasst gab es drei entscheidende frauenpolitische Verhandlungsergebnisse. In der Satzung wurde

---

2   Verhandlungszeitraum von 1999 bis zum Gründungskongress 2001

108

- das Gender Mainstreaming,
- die Garantie einer Frauen-Mindestquotierung gem. § 20.3 der ver.di-Satzung sowie
- das Versprechen, die paritätische Teilhabe mit einer ‚Zeitverzöge-rung' bis 2007 in ver.di zu realisieren, festgeschrieben.

Strukturell und inhaltlich konnten sie ihre Forderungen nach Gleich-stellung im Satzungsrecht und in Richtlinien etablieren. Dagegen misslang eine gleichberechtigte, eine substanzielle Partizipation. Die Frauenquote bei der Postenaufteilung zu berücksichtigen, hätte den Vereinigungsprozess stark behindert. Die Frauen vertröstend, ver-sprach man ihnen, die Quote entsprechend dem weiblichen Mitglie-deranteil bis zum 2. Bundeskongress im Jahr 2007 zu berücksichtigen. Erzielt wurde somit eine rhetorische Integration mit dem Versprechen einer ‚nachhaltigen Geschlechterdemokratie'.

2.2 Einflussfaktoren

Hier werden nun einige in der feministischen Partizipationsforschung genannten Einflussfaktoren der politischen Partizipation aufgezeigt, die die Verhandlungsführung und -ergebnisse der Gewerkschafts-frauen beeinflussten sowie die integrationsfördernden, wie auch -hin-dernden Aspekte benannt.

Integrationsfördernd

Als integrationsfördernd

- sind die in den Gründungsgewerkschaften bereits bestehenden Frauenausschüsse zu nennen. Sie bildeten sozusagen ein Netz-werk, das mit Beginn der Verhandlungen den Informationsaus-tausch vereinfachte. D.h. die als Sonderstrukturen gebildeten Frauenausschüsse, die von vielen Funktionären aber auch von Funktionärinnen oft als überflüssig kritisiert und auch von eini-gen Wissenschaftlerinnen kontrovers diskutiert werden (vgl. Vo-gelheim 1999), erwiesen sich im Wandlungsprozess als zweckrati-onal, um problemlos Kontakte untereinander aufzunehmen, die Arbeit zu koordinieren und Informationen auszutauschen.

- Auf zentraler Ebene wurden die frauenpolitischen Forderungen während der Umstrukturierungsphase unter der Regie der fünf Bundesfrauensekretärinnen durchgesetzt. Der Synergieeffekt des geballten Fünfer-Kollektivs erleichterte ihre Verhandlungsführung. Allein auf der Bundesebene trafen wenigstens fünf ,kampferprobte' Frauen zusammen, die ansonsten gewohnt waren, in ,Kleinsteinheiten' zu arbeiten, entwickelten nun im Team ihre Strategien und setzten ihre Vielfalt an Wissen aus ihrer politischen Arbeit als Gesamtkapital gewinnbringend ein. Die vergleichbare gewerkschaftliche Berufs- und Lebenslage sowie die ähnlichen politischen Biografien der einzelnen Frauensekretärinnen erleichterten den Arbeitsablauf und die Auseinandersetzungen für eine gemeinsame Vorgehensweise.

- Das hohe Arbeitsaufkommen bei den Prozessverantwortlichen, diese Doppelbelastung durch das Prozessgeschehen, führte zu einer hohen Arbeitsdichte und so oft ungewollt zu Zugeständnissen gegenüber den Forderungen der Funktionärinnen.

- Eine essenzielle Zielvorgabe im Verhandlungsgeschehen war, die Führungselite als Verbündete zu gewinnen, denn der Zusammenschluss der fünf Gründungsgewerkschaften war grundsätzlich eine Angelegenheit der Führungsspitze. Mit permanentem Druck von unten (Bottom-up-Effekt) mussten die Frauen die Unterstützung der Spitzenfunktionäre ,einklagen', ansonsten hätte sich die Führungselite nicht in dem Maße für die Belange der Frauen eingesetzt. Die Intensität einer Integrationsförderung durch die gewerkschaftliche Organisationsspitze (Top-down-Effekt) war bestimmt durch die Einsicht in die Notwendigkeit, das Geschlechterverhältnis in ver.di zu demokratisieren.

- Eine Gleichstellungspolitik, so wie sie jetzt in der Satzung verankert ist, wäre ohne den Rückhalt einer frauenpolitischen Frau im Führungsstab sowie dem damaligen ÖTV-Vorsitzenden nicht möglich gewesen.

Integrationsschranke

- Die von den Funktionären verbalisierte Unterstützung zur Geschlechterfrage galt nur vordergründig und unterblieb, sofern die eigenen Funktionen zur Disposition standen. Wenn es sich für sie im Prozessgeschehen ergab und/oder wenn es für ihre Funktion folgenlos blieb, vertraten sie ihr Barriereverhalten argumentativ, ohne sich als ‚frauenfeindlich' zu outen. Sie thematisierten zwar ihre Machtinteressen nicht offen, sondern unterstützten offiziell die als Gesamtaufgabe für ver.di deklarierte Geschlechterdemokratie, blockierten aber die Postenforderungen der Frauen, wenn es um ihre eigenen ging. Die Männer besaßen die Handlungsgewalt!

- Bei den Ausschlussmechanismen und bei den Partizipationschancen der Funktionärinnen wirkte sich die Entstehungsgeschichte der jeweiligen Organisation und das traditionelle Selbstverständnis weiblicher Gewerkschaftsarbeit aus. So schwächte beispielsweise der unterschiedliche Standard weiblicher Beteiligungsrechte (Regelung der Frauenquote) aus den fünf Partnergewerkschaften die Frauen, eine einheitliche Zielvorstellung umzusetzen.

- Die hohe Arbeitsbelastung von ca. 60-70 Stunden in der Woche und eine erhöhte Flexibilität von Hauptamtlichen, verringerten den Kreis weiblicher Konkurrenz. Frauen haben kaum Gelegenheit, die Reproduktionsarbeit zu delegieren.

- Häufig war es jedoch die Skepsis der Funktionärinnen gegenüber der eigenen Kompetenz, die Fehleinschätzung ihres Könnens, die sie darin hinderte, sich in Leitungsfunktionen zu positionieren. Außerdem gab es kaum Funktionärinnen in Positionen, die es ihnen ermöglicht hätten, „sich morgen für den Vorsitzendenposten" zu bewerben. Gewerkschaftliche Kernbereiche waren – und sind es noch immer – überwiegend in Männerhand.

- Die Frauen akzeptierten den ‚Sachzwang der Personalsituation' und stellten zu Gunsten ‚wichtiger politischer Interessen' ihre eigenen politischen Forderungen zurück. Sie verließen sich auf das Versprechen einer nachhaltigen Sicherung ihrer politischen Partizipation. Somit war der Appell der Männer an die Frauen, doch ihre Forderungen nach einer materiellen Partizipation zurückzustellen und Einsicht in eine historische Verpflichtung zu zeigen, erfolgreich. Um einen ‚Flurschaden' zu verhindern, entschieden sie sich ‚gesamtverantwortlich' für die Fusion. Sie verzichteten auf eine substanzielle Machtverteilung und konzentrierten sich neben dem formalen Machtgewinn auf eine nachhaltige Sicherung ihrer paritätischen Partizipation.

- Die Machtfrage wurde von den Frauen nur vereinzelt diskutiert, d.h. über ihr Machtverständnis und das der Männer setzten sie sich kaum auseinander. Eine Debatte unter den Funktionärinnen über das männliche Machtmonopol und wie sie ihre innerverbandliche Machtposition ausbauen konnten, wurde nicht mit der Intention geführt, sich der verdeckten Machtstrategien der Männer während des Vereinigungsprozesses bewusst zu werden. Daher gelang es ihnen nicht, die Interaktionen in diesem Verhandlungsspielraum in ihrem Sinne zu bestimmen und den Männern ein verändertes Rollenverhalten entgegenzusetzen.

Inwieweit neu entstehende Organisationsformen tradierte Geschlechterarrangements verändern können, hängt auch davon ab, ob und wie Akteurinnen in den Prozess des Wandels involviert sind oder welche Entscheidungsgewalt sie aufgrund ihrer Position besitzen. Mithin sind die Verhandlungsmethoden der Frauen zu betrachten, mit denen sie versuchten, ihre Forderungen umzusetzen. Hervorzuheben ist daher insbesondere die Bedeutung des Arbeitsstils der ver.di-Frauen auf die Verhandlungsführung.

Arbeitsstil

- Beim Arbeitsstil der Frauen fällt zunächst das Konkurrenzverhalten gegenüber den Männern auf. Sie waren stolz darauf, wie frühzeitig sie ihr Treffen in der Arbeitsgruppe für Frauenpolitik realisierten und dass sie schneller als die Männer die Konzepte und Materialien erarbeiteten. Dieser Stolz relativiert sich jedoch, wenn man die Wichtigkeit der Zuarbeit für die Entscheidungsebene gegenüberstellt. So kämpften sie permanent und mit großem Eifer auf Nebenschauplätzen im Sinne von „Frau ist beschäftigt und Männerzirkel bestimmen währenddessen, wohin die Reise in den Gewerkschaften geht".[3]
- Für die Frauen war die Beziehungsebene während des Verhandlungsprozesses ein wesentliches Element erfolgreicher Arbeit ge-

---

3   Eilrich, zit. nach Petterson (1998), in: FR, 27.06.1998, S. 5

wesen. Sie betonten die gute Arbeitsatmosphäre, die für sie gleichgewichtig schien mit der von ihnen auszuübenden Politik. Anerkennend wurde von ihnen hervorgehoben, Konflikte mit dem Willen und der Fähigkeit zur Einigung auszutragen.

- Die negativen Erfahrungen mit der geringen Akzeptanz gewerkschaftlicher Frauenarbeit schwächte die Funktionärinnen in der Verhandlungsführung. Aufgrund eines permanenten Unterlegenheitsgefühls reagierten sie eher als dass sie agierten. Statt sich auf die männlichen ,Spielregeln' spielerisch einzulassen, galt für sie die korrekte Umsetzung vorgegebener Aufgaben.

- Sie unterwarfen sich dem männlichen Machtspiel, ohne sich von ihrem moralischen Verständnis von Gesamtverantwortung und Verpflichtung gelöst zu haben. Moral bedeutete in diesem Fall für sie, das Gemeininteresse vor das Eigeninteresse zu stellen und nicht mehr weiter auf eine sofortige Machtbeteiligung zu bestehen, sondern sich zunächst konsequent für die Fusion einzusetzen. Es gelang ihnen nicht, das konditionierte Handeln zu durchbrechen. So blieben sie für die Männer berechenbar, die dieses Rollenverhalten der Frauen für ihren Machterhalt nutzten.

3 Genderpolitik in ver.di

Nur wenige Jahre nach dem Gründungskongress gilt das Versprechen einer nachhaltigen Geschlechterdemokratie nicht mehr. Die Zusage, „dass dann aber wirklich unausweichlich zwingend"[4] in den nächsten Jahren ein Ausgleich für den schlechten Start getroffen wird und die Frauen bei der Besetzung hauptamtlicher Wahlfunktionen entsprechend berücksichtigt werden, ist nicht mehr bindend. Die Mindestquote wird als „undemokratisch" und als „überzogen" kritisiert[5] und soll per Antrag abgeschafft werden, da sie „nicht zielführend"[6] sei. Auf dem Rechtsweg soll geklärt werden, ob die Männer durch die

---

4   Interview vom 09.02.01 Detlef Hensche ehemals IG Medien
5   Der Bundesvorstand hat 2006 ein Rechtsgutachten in Auftrag gegeben, um zu klären, ob Männer durch die Frauenquote benachteiligt werden. (FR v. 28.08.06)
6   Antrag Nr. 9

Mindestquote benachteiligt sind und die Satzung „mit Verlaub – eine Überquotierung"[7] beinhaltet. Letztendlich wurde dann aber auf dem Bundeskongress 2007 der Antrag, die Mindestquote aus der Satzung zu entfernen, abgelehnt – und um die Frauenquote einzuhalten, der Bundesvorstand nicht wie vorgesehen auf 11 Mitglieder reduziert, sondern auf 14 festgeschrieben.[8]

Literatur

Geißel, Brigitte (1999): Politikerinnen. Politisierung und Partizipation auf kommunaler Ebene. Opladen: Leske + Budrich.

Hoecker, Beate (1995): Politische Partizipation von Frauen. Kontinuität und Wandel des Geschlechterverhältnisses in der Politik. Opladen: Leske + Budrich.

Kassel, Brigitte (2001): ... letztlich ging es doch voran! Zur Frauenpolitik der Gewerkschaft ÖTV 1949-1989 (Hg.): ver.di und Hans Böckler Stiftung.

Petterson, Gisela (1998): Gute Argumente allein nutzen nichts. Die Gewerkschaften und die Frauen: Eine unendliche Geschichte. In: FR, 27.06.1998, S. ZB 5

Schambach-Hardtke, Lydia (2005): Gender und Gewerkschaften. Der Kampf von Frauen um politische Partizipation im organisationalen Wandel. Opladen: Barbara Budrich.

Vogelheim, Elisabeth (1999): Neue Wege zur Macht – Frauen in den Gewerkschaften. In: GMH, Jg. 50, Heft 7-8/1999, S. 488-491

Antrag Nr. 9; Antragsteller: Landesbezirksfachbereichsjugendfachkreis 09; 9 Mitglieder, davon 2 Frauen

Interview vom 09.02.01. Detlef Hensche, Quellgewerkschaft: IG Medien: „Bei Verdi drängen die Frauen per Satzung an die Macht, Frankfurter Rundschau vom 28.08.2006, S. 8

---

7   Ein « Verdianer » in der FR v. 28.08.06
8   Noch auf dem Bundeskongress 2003 war die Sitzverteilung: 6 Frauen und 10 Männer.

Claudia Streblow

Jugendhilfe im Praxisfeld Schule

> Also was ich gut an der Schule finde is hier zum Beispiel
> die Schulstation. Zum Beispiel der Heiko oder die Inge (die
> Schulsozialarbeiter/-innen), die sind wirklich, Heiko, der is
> richtig nett. Und dis find ich, also Schulstation find ich auf
> jeden Fall richtig gut so, dass die da sind, dass die da is.
> Sonst würden wir schwänzen, dann würden wir nich da
> sitzen, sonst würden wir raus gehen, würden wieder ir-
> gendwelche Scheiße bauen. Und da find ich's wirklich gut,
> is was Anderes. (Patrick, 14 Jahre)

D er vierzehnjährige Patrick berichtet in diesem Interviewaus-
schnitt von einem Raum, der ihm neue Möglichkeiten eröffnet.
Er „baut keine Scheiße" mehr, sondern geht in eine Schulstation. Es
geht ihm dabei nicht nur um einen Raum als solchen, sondern auch
um Beziehungen zu Erwachsenen, die ganz anders charakterisiert
werden als Lehrer/innen, und die in vertrauter Weise beim Vorna-
men genannt werden. Um eine solche Schulstation, die als Sozial- und
als Beziehungsraum ihre Wirkung entfaltet, geht es im Folgenden.

1   Ausgangssituation und das Modell ‚Schulstation'

Diesem Beitrag liegt meine Dissertation zugrunde, die ihren Anfang
im Jahr 1999 nahm und im Jahr 2004 am Fachbereich Erziehungswissenschaft der Freien Universität Berlin angenommen wurde. Insgesamt drei Jahre wurde die Arbeit im Rahmen des Alice-Salomon-
Stipendienprogramms gefördert.

Am Beginn der Arbeit stand die Beobachtung, wie die bestehende
Praxis pädagogischer Ideen und Angebote von Seiten der Berliner Be-
zirke und auch des Berliner Senats erweitert wurde, mit denen an Berliner Schulen auf veränderte schulische Ausgangsbedingungen wie

eine zunehmende Armut, die Herausforderungen einer Einwanderungsgesellschaft und die Konzentration sozialer Probleme in bestimmten Regionen, reagiert wurde. Schulsozialarbeit in Gestalt von Schulstationen kannte man in Berlin bis Ende der 1990er Jahre an Grundschulen. Auf die Jahrtausendwende zugehend, wurden Schulstationen verstärkt auch an Hauptschulen implementiert (vgl. Speck 2007).

Ein besonderes Kennzeichen von Schulstationsarbeit ist es, dass sie während des Unterrichtsvormittages stattfindet und Erziehungskräfte (Erzieher/innen, Sozialpädagog/innen oder Lehrer/innen) anwesend und tätig sind. Inhaltlich werden oftmals Einzel- und Gruppenarbeit für die Schüler/innen angeboten, Konfliktlösungsstrategien entwickelt (z.B. auch Konfliktlotsentraining für Schüler/innen), Klassenfahrten sowie weitere schulische Aktivitäten begleitet und Eltern einbezogen (aufsuchende Elternarbeit, Elterncafé etc.). Auch wird mit sozialen Diensten wie dem Jugendamt und weiteren außerschulischen Partnern wie Vereinen und Verbänden oder auch Lesepaten etc. zusammen gearbeitet (vgl. von Balluseck 2003). Nicht zuletzt sind Schulstationen häufig bereits vor und nach dem Unterricht geöffnet, so dass berufstätige Eltern ihre Kinder in ‚Brückenzeiten‘ betreut wissen.

1.1 Die Rahmenbedingungen des untersuchten Modells

Der in diesem Beitrag beispielhaft vorgestellten Schulstation an einer Berliner Hauptschule mit ca. 200 Schüler/innen (Klasse 7-10) liegt eine Kooperationsvereinbarung zwischen dem Schulamt, dem örtlich zuständigen Jugendamt sowie einem freien Träger der Jugendhilfe, der das Angebot durchführt, zugrunde. Die Schulstation wird ausschließlich aus Mitteln der Jugendhilfe finanziert. Rechtlich ist das Angebot als eine Form von Schulsozialarbeit dem § 13 Abs. 1 SGB VIII[1] i. V. m. § 14 AGKJHG[2] zugeordnet. Der freie Träger, der auch die Dienst- und Fachaufsicht über das Schulstationspersonal ausübt, hat sich verpflichtet, die Schulstation mit ausgebildeten Sozialpäda-

---

1   Das SGB VIII ist das Kinder- und Jugendhilfegesetz (KJHG)
2   Gesetz zur Ausführung des Achten Buches des Sozialgesetzbuches – Kinder- und Jugendhilfe

gog/innen zu besetzen, und zwar in einem gemischtgeschlechtlichen Team mit zwei Planstellen.

2. Vorgehen und Methoden

Schulstationen zeichnen sich durch eine Besonderheit aus: sie befinden sich genau an der Schnittstelle zwischen formeller Bildung in der Schule und informeller Bildung in der Peergroup, zwischen Institution und Lebenswelt. Mit anderen Worten könnte man auch sagen, dass Schulsozialarbeit zwischen der schulisch offiziellen Vorderbühne (die sich durch Regeln und Rollen auszeichnet) und der inoffiziellen Hinterbühne (Zinnecker 1978), auf der sich vorrangig das ‚Unterleben' (Goffman 1973) der Institution abspielt, agiert. Um also etwas über die Wirkungsweise der Schulsozialarbeit erfahren zu können, über den Stellenwert, den dieses Angebot in der Handlungspraxis der Jugendlichen erhält, ist ein empirischer Zugang notwendig, der sowohl das institutionalisierte, rollenförmige Wissen der Jugendlichen in den Blick nimmt als auch – und dies ist die entscheidende Ebene – zu ihrer schulischen Alltagspraxis jenseits der schulisch-rollenförmigen Beziehungen vordringt. Denn die schulische Alltagspraxis und die damit einhergehenden Beziehungen zwischen den Schüler/innen in Gestalt der schulischen Peergroups sind „keineswegs ein ‚mitlaufender Effekt' innerhalb der Schullaufbahn von Schülerinnen und Schülern, sondern ein Faktor, der sowohl das Gelingen bzw. Mißlingen von Schullaufbahnen mitbestimmt als auch Einfluß nimmt (...) auf (...) Identitätsentwicklungen" (Hollenstein/Tillmann 1999, S. 104).

Das Gruppendiskussionsverfahren, wie es von Ralf Bohnsack im Rahmen der dokumentarischen Methode der Interpretation entwickelt wurde, nutzt die kollektiven Erfahrungen als Zugang aus[3]. Mit dem Einsatz dieser Methode wird es möglich, der kollektiven Sozialität von Individuen (Familie, Freundeskreis etc.) Rechnung zu tragen. Ich entschied mich, die Gruppendiskussionen mit der Methode der

---

3   Vgl. z. B. Bohnsack, Ralf: Rekonstruktive Sozialforschung. Einführung in qualitative Methoden, 5. Auflage. Opladen: Leske + Budrich (2003)

Teilnehmenden Beobachtung zu kombinieren, um die Erzählungen der Jugendlichen mit Situationen in der Schulstation und im Unterricht vergleichen zu können. Insgesamt führte ich zwölf Gruppendiskussionen mit ‚Realgruppen' (die Jugendlichen bezeichneten sich selbst als befreundet) durch und fertigte 30 Beobachtungsprotokolle an. Bei der Auswahl der Gruppen achtete ich darauf, Jugendliche aus allen Klassenstufen, mit und ohne Migrationshintergrund, Mädchen und Jungen mit häufigem und mit seltenem Kontakt zur Schulstation zu interviewen.

Meine Leitfragen lauteten entsprechend: *„Wie erleben die Jugendlichen den schulischen Alltag"* und *„Wie erfahren sie die Umsetzung des Schulsozialarbeitsangebots?"*

Durch die vergleichende Auswertung der Gruppendiskussionen konnte ich zentrale Muster bzw. Typen des Umgangs der Jugendlichen mit der Schule und – darin integriert – der Schulsozialarbeit rekonstruieren.

3 Rekonstruierte Typen

Die rekonstruierte Typik – auf der Basis der dokumentarischen Interpretation – bezieht sich auf das Verhältnis zwischen den Milieus der Jugendlichen und der Art und Weise der Orientierung an der Schule. Dieses Verhältnis findet im *Typus der sekundären Anpassung*[4] (Kennzeichen: Rollendistanz) in Abgrenzung zum *Typus der primären Anpassung* (Kennzeichen: Rollenorientierung) seinen Ausdruck.

Der Typus der *sekundären Anpassung*[5] zeichnet sich durch ein Abrücken vom schulischen Lern- und Leistungsprinzip und verschiedene Ausdrucksformen von Rollendistanz aus. Die Schule dient primär

---

4 Der Begriff „sekundäre Anpassung" geht auf Goffman (1973) zurück. Man könnte auch von schulischer Gegenkultur im Sinne von Willis sprechen. Jedoch würde das ein Gegenüberstehen und potenziell eine nicht beabsichtigte Wertung des Verhaltens einschließen

5 Auf die Ausdifferenzierung des Typus „sekundäre Anpassung" gehe ich in diesem Beitrag nicht ein, da dies sonst den Rahmen sprengen würde. Vgl. hierzu z.B. Streblow (2006)

der Konstitution eines jugendmilieuspezifischen Erfahrungsraums, in dem die Jugendlichen sich mit Erfahrungen von Degradierung und Etikettierung (z. B. durch Lehrkräfte und andere Erwachsene) auseinandersetzen. Die institutionell definierte schulische Hinterbühne bildet für die Jugendlichen die Vorderbühne.

Den Gruppen des *Typus der primären Anpassung* gemeinsam ist die Orientierung an den Prinzipien der dominanten Schulkultur mit ihrer Ausdifferenzierung in organisierte bzw. rollenförmige Beziehungen. Im Gegensatz zu den Milieus der sekundären Anpassung, die auf aktionistischem Wege Stellungnahmen der Lehrer/innen herausfordern, sind die Jugendlichen dieses Typus an kommunikativer Verständigung orientiert.

Die Relevanz, welche die Schulsozialarbeit für die Jugendlichen der beiden Typen erhält, lässt sich am besten anhand des empirischen Materials der Interviews verdeutlichen.

3.1 Schulverweigerung und Schulsozialarbeit

Die hier vorgestellten Jugendlichen des Typus „sekundäre Anpassung" blicken sämtlich auf schulische Relegationserfahrungen zurück; häufig besuchten sie zuvor bereits andere Oberschulen (Realschule, Hauptschule). Die Erfahrungen der Schüler/innen können auch als eine Überlagerung von Trennungs- und Bewegungsprozessen verstanden werden, und zwar sowohl hinsichtlich von Ortswechseln (Wohnungswechsel der Familie, Migration etc.) als auch in Bezug auf familiär wechselnde Bezugssysteme (Trennung der Eltern, Aufnahme in einer Jugendhilfeeinrichtung etc.), die teilweise mit Schulwechseln verbunden sind. Das eigentliche Problem der Jugendlichen ist nicht der Hauptschulbesuch als solcher, sondern die zwar damit in Zusammenhang stehenden, aber wesentlich komplexeren Exklusionsprozesse (vgl. zu einer derartigen Milieuproblematik auch Bohnsack 1989, S. 84). Damit in Zusammenhang stehend, gewinnen für die Jugendlichen Techniken der Identitätssicherung an Bedeutung, die sich auch in (von Normalitätsvorstellungen) abweichendem Verhalten äußern können.

Interviewerin:	Und die Schulstation, wann nutzt ihr die so?
Corinna:	((prustet))
Tanja:	Jedes Mal, wenn ich rausfliege (1)[6], also fast jeden zweiten Tag. (2) Ich flieg einfach so raus, weil ich die Lehrerin nich mag. (...)
Lilo:	Ich war fast mein ganzes anderes Schuljahr in der Schulstation, @hätt ich eigentlich übernachten können@, ich war den #ganzen# Tag in der Schulstation.
Corinna:	#Mmhh#
Andi:	Ja.
Corinna:	((Rascheln)) Wir machen hier unsere Hausschlüssel. ((allgemeines Lachen))

Wenn die Jugendlichen negative Reaktionen, Stigmatisierungen und Ausgrenzungen provozieren, erfahren sie sich, auch unter den Bedingungen der Ausgrenzung, als die Aktiven. So ist es auch zu erklären, dass sie Ausgrenzungsprozesse selber in Gang bringen, wie es sich in Tanjas Äußerung, dass sie die Lehrerin nicht mag, dokumentiert. Die Schüler/innen definieren aktiv und provokativ die Situation, auf die von den Lehrer/innen nur noch reagiert werden kann.

Lilo war während eines Schuljahres nicht nur täglich, sondern auch den „ganzen Tag" in der Schulstation. Die Schulstation bietet eine Entlastungsfunktion und eine Ausweichmöglichkeit. Die Entlastung ergibt sich dabei sowohl für die Lehrer/innen (keine Auseinandersetzung mit schulisch nicht konformen Schüler/innen) als auch für die Schüler/innen der Gruppe (die bessere Alternative zum Unterricht und keine Verstrickung außerhalb der Schule, z.B. auf der Straße).

Auf der anderen Seite wird die Schulstation zu einem okkupierten Raum, in dem eine große Vertrautheit entsteht und die Gruppe sich wohl fühlt: „hätt ich eigentlich übernachten können". In diesem Sinne kann die sich anschließende Äußerung von Corinna als metaphorischer Höhepunkt dieses Ausschnitts gelesen werden: Die Schulstation erhält im kollektiven Wunsch der Gruppe einen höheren Stellenwert als das eigene Zuhause, sie wird zum selbst gewählten imaginativen

---

6   Die Zahlen in Klammern beziehen sich auf die Länge der Pause, das Geschriebene innerhalb der Rautezeichen zeigt an, wenn Redebeiträge der einzelnen Sprecher/innen gleichzeitig erfolgten. @ heißt „Lachen" – vgl. zu den Richtlinien der Transkription Bohnsack 2003, S. 235.

Zuhause, für das sich die Gruppe nun einen Hausschlüssel anfertigen möchte. Gleichzeitig gewährleistet ein Hausschlüssel auch Unabhängigkeit von den Lehrer/innen, die ansonsten den Zugang zur Schulstation reglementieren. Über die Metapher des Hausschlüssels gelingt es ihnen, die Degradierungserfahrungen seitens der Lehrkräfte auszuklammern und eine selbsterzeugte Erwünschtheit herzustellen. Denn wer einen Schlüssel besitzt, genießt damit auch Befugnisse. Wenn die Schulstation also einen höheren Wert als das Zuhause der Jugendlichen erhält und auch die Unabhängigkeit von der Institution Schule angestrebt wird, kann die Schulstation nicht mit dem Milieu der Schüler/innen gleichgesetzt werden. Stattdessen bietet die Schulstation eine dritte Möglichkeit: Sie erhält eine neutrale Funktion, und zwar sowohl in Bezug auf das Herkunftsmilieu als auch gegenüber der Institution Schule. Dies ist besonders wichtig, wenn es darum geht, bildungsferne Jugendliche „pädagogisch" erreichen zu wollen.

Während die schulische Zeit anhand eines Rahmenlehrplans durchstrukturiert ist und nicht *vertrödelt* werden darf, pflegen die Jugendlichen in der Schulstation häufig das Nichtstun. In der Schule geht es primär um das Erreichen eines Ziels im Sinne einer Qualifikation, demgegenüber steht in der Schulstation die Identitätsbewältigung im Vordergrund. Indem die Jugendlichen in der Schulstation sitzen und Musik hören, geht es nicht um ein Ziel, sondern um den augenblicklichen Zustand des gemeinsamen Zusammenseins und das Freisein von vorgegebener institutioneller Zeit. Für den Typus der *sekundären Anpassung* ist ein wesentliches Ergebnis:

Die Schulstation fungiert als neutraler exterritorialer Raum, in dem die Jugendlichen nicht länger auf Provokationen angewiesen sind.

3.2 Beziehungs-, Beratungs- und Bildungsort

Diejenigen Jugendlichen, die Angebote der Schulsozialarbeit unter einem Bildungsaspekt betrachten, sind mehrheitlich Mädchen mit Migrationshintergrund, die die gesellschaftlichen Zwecke von Schule (Qualifikation; Lizenzerwerb) betonen. Die Schüler/innen dieses Typus der *primären Anpassung* nehmen die Schulstation als lern- und entwicklungsförderliches Orientierungsangebot wahr, das ein „schulisches Dabeibleiben" vor dem Hintergrund von Demütigungserleben geradezu ermöglicht.

Anna: Ne:, ich finds gut, dass die jetz die Schulstation eingerichtet haben, dass die Cafeteria fertig is (.) und ähm, dass unsere Schule sich eben weiter gebildet hat, weil früher hat man so gesagt, H-Schule schafft sowieso nichts und so, aber man sieht, wie viel die H-Schule geschafft hat.

Die Schulsozialarbeit und die Cafeteria verhelfen, dem negativ besetzten Bild der Schule ein neues, positiv besetztes Bild entgegenzusetzen. Dabei geht es sowohl um das Image nach außen als auch um Identifikationsmöglichkeiten mit der Schule. Bedeutsamerweise bezeichnet Anna die über den Unterricht hinausgehenden Angebote in der Schule, also die Schulsozialarbeit und die Cafeteria, als Bildungsangebote, *„weiter gebildet"*. Während die Gruppen des Typus der *sekundären Anpassung* die Schulsozialarbeit den informellen schulischen Beziehungen zuordnen und die Schulsozialarbeit in ihr schulisches *Unterleben* integrieren, nimmt Anna die Schulsozialarbeit im primären Rahmen der *Vorderbühne*, in der Aufgabenbestimmung der *‚Bildung'* wahr. Schulsozialarbeit würde in diesem Verständnis möglicherweise Bildungsanreize bieten. Als zentrales Ergebnis für diesen Typus kann festgehalten werden:

> Schulsozialarbeit fördert und unterstützt die Ausübung der Schülerrolle. Das Spektrum schulischer Handlungsoptionen erfährt eine Erweiterung.

4   Schule und Jugendarbeit: gemeinsam einen innovativen Weg gehen

Die Angebote sozialer Arbeit in Gestalt von Schulstationen zu institutionalisieren, kann für Hauptschulen ein innovatives pädagogisches Element darstellen, denn

- den Jugendlichen wird es möglich, zwischen der inneren Sphäre der Peergroup und der äußeren Sphäre der Schule zu pendeln bzw. zu oszillieren. Die Schüler/innen erleben die Schulstation nicht als Ort der Ausgrenzung, sondern als alternative Handlungsmöglichkeit,

- mit den schulischen Inhalten des Unterrichts können die Bildungsbarrieren für bildungsferne Milieus nicht abgebaut werden. Notwendig sind daher sozialpädagogische Angebote, die über ein kulturelles Fremdverstehen respektvoll an den Sinngehalt jugendlicher Alltagspraktiken und Rituale anschließen.

Da die Einrichtung eines alternativen Ortes zwar Veränderungen mit sich bringt, jedoch noch kein pädagogisches Konzept darstellt, sollen abschließend einige wesentliche Aspekte und Erkenntnisse der Konzeptualisierung eines solchen Angebots aufgeführt werden:

- Um kollektive Prozesse zu verstehen und entsprechende Angebote zu unterbreiten, ist es wichtig und wesentlich, dass Angebote der Schulsozialarbeit – wie eine Schulstation – in einen gesamtschulischen Entwicklungsprozess integriert werden. Schulsozialarbeit ist im Schulprogramm zu verankern, das von allen schulischen Akteuren verabschiedet wird. Der Prozess sollte am besten gemeinsam beginnen, anstelle eines einseitigen Angebotes der Jugendhilfe.
- Schulsozialarbeit sollte mit einer Öffnung von Schule einhergehen: Kooperationen im schulischen Gemeinwesen mit Wirtschaftsunternehmen, sozialen Diensten, Vereinen und Verbänden, Elternarbeit etc. können die einzelschulische Planung stärken.
- Schulsozialarbeit kann zu einem erweiterten Bildungsverständnis in der Schule beitragen. Die Bildungstrias von formeller (Schule), informeller (Soziale Arbeit) und nicht-formeller Bildung (Peergroup/Familie) wird ganzheitlich zusammengeführt.

Literatur

Balluseck, Hilde von (2003): Schulstationen in Berlin. In: Soziale Arbeit. H. 7 (52. Jg.), S. 256-263.

Bohnsack, Ralf (2003): Rekonstruktive Sozialforschung. Einführung in Methodologie und Praxis qualitativer Forschung. 5. Aufl., Opladen: Leske + Budrich.

Bohnsack, Ralf (1989): Generation, Milieu und Geschlecht. Ergebnisse aus Gruppendiskussionen mit Jugendlichen. Opladen: Leske + Budrich.

Goffman, Erving (1973): Interaktion: Spaß am Spiel, Rollendistanz (Original: Encounters). München: Piper.

Hollenstein, Erich/Tillmann, Jan (Hg.) (1999): Schulsozialarbeit. Studium, Praxis und konzeptionelle Entwicklungen. Hannover: Blumhardt, (1. Auflage) sowie 2000 (2. Auflage).

Speck, Karsten (2007): Schulsozialarbeit. Eine Einführung. Stuttgart: UTB.

Streblow, Claudia (2006): Schulstationsarbeit zwischen schulischer Vorder- und Hinterbühne. In: Deinet, U./Icking, M. (Hg.): Jugendhilfe und Schule. Analysen und Konzepte für die kommunale Kooperation, S. 139-156.

Zinnecker, Jürgen (1978): Die Schule als Hinterbühne oder Nachrichten aus dem Unterleben der Schüler. In: Reinert, G. B./Zinnecker, J. (Hg.): Schüler im Schulbetrieb. Berichte und Bilder vom Lernalltag, von Lernpausen und vom Lernen in den Pausen, S. 29-121. Reinbek bei Hamburg: Rowohlt.

Talibe Süzen

Geschiedene Migrantinnen im Migrationsprozess

1 Ausgangssituation

D ie tatsächlichen Ursachen der Scheidung liegen nach dem Individualisierungsdiskurs von Beck/Beck-Gernsheim in der Gesellschaft selbst. Demnach bringt der gesellschaftliche Individualisierungsprozess Konflikte in den Geschlechterrollen mit sich, für die wiederum die moderne Marktgesellschaft keine institutionellen Lösungen bietet. Die moderne Marktgesellschaft verlangt einerseits ökonomische Unabhängigkeit und andererseits erwartet sie von der Frau traditionelles Verhalten, um die Familie aufrecht erhalten zu können. Vor diesem Hintergrund werden durch die Marktgesellschaft entstehende Konflikte in die Familie getragen. Somit werden gesellschaftliche Ungleichheiten individualisiert.

Eine Ehescheidung wird wie von der Mehrheitsgesellschaft auch unter der Migrantenpopulation türkischer Herkunft in Deutschland nicht positiv aufgenommen. Trotz gesellschaftlicher Stigmatisierung und individueller Verunsicherung entscheiden sich inzwischen immer mehr Migrantinnen türkischer Herkunft für eine Scheidung.

Grundsätzlich kann das Scheitern einer Ehe sowohl negative psychische, gesellschaftliche, soziale und ökonomische Folgen mit sich bringen, es kann aber auch eine Befreiung bedeuten, die völlig neue Perspektiven eröffnet und als „eine zweite Chance im Leben" bewertet wird. Unter diesem Aspekt untersuchte ich in der Zeit zwischen 1999 bis 2003 im Rahmen meiner Promotionsarbeit die subjektiven Ursachen und Folgen der Scheidung türkischstämmiger Migrantinnen der zweiten Generation. Den methodischen Ansatz dieser Studie bildete die Biografieforschung (Fischer-Rosenthal 1996), auf deren Ergebnisse ich mich in meinem folgenden Beitrag beziehen werde, um dann einen kurzen Bezug auf den gegenwärtigen Diskurs von Migrantinnen zu nehmen. Für die Studie wurden 18 Frauen der zweiten Generation ausgewählt, mit denen narrative Interviews (Schütze 1983) durchgeführt wurde.

2 Die zentralen Ergebnisse

Im Rahmen meiner Untersuchung hat sich herausgestellt, dass die verschiedenen Typen der Frauen eine kollektiv geteilte Familienbiografie vereint, die mit der Migration verknüpft ist. Diese kollektive Familienbiografie wird in der Trennungserfahrung im Kindesalter, der Entwurzelung, Heimatlosigkeit, dem Fremdheitsgefühl, dem ambivalenten Verhalten gegenüber der Herkunftsfamilie, der eigenen und der Aufnahmekultur und nicht zuletzt der Heiratswahl deutlich. Eine wichtige Erkenntnis dieser Studie war vor allem, dass alle Biografinnen ihre selbstgewählte Lebensgeschichte mit Beginn der Migration – entweder mit ihrer Einreise nach Deutschland oder die ihrer Mutter oder beider Elternteile – angefangen haben. Die daraus resultierende Migrationsbedingungen und -folgen überdeckten nahezu alle Themen ihrer erzählten Lebensgeschichte.

Das Scheidungsverhalten der untersuchten geschiedenen Frauen ist drei verschiedenen Typen zuzuordnen:

- Scheidung als Folge von Untreue und Gewalt
- Scheidung als Weg zur Selbstbestimmung
- Scheidung als Bruch mit der traditionellen Gemeinschaft.

Erster Typus: Scheidung als Folge von Gewalt und Untreue

Bei Frauen dieses Typus' ist die biografische Selbstpräsentation von der Migration und Trennung im Kindesalter von Eltern, von den Gewalterfahrungen in ihrer Kindheit und im Erwachsenenalter bestimmt. In der Regel erleben sie ständige Ambivalenz auf der Gefühlsebene. Einerseits möchten sie sich von der Familie lösen und ihren eigenen Weg gehen, andererseits suchen sie die Geborgenheit und das Verständnis ihrer Familie. Diese Frauen haben in ihrer Kindheit

126

ständige Trennung von den wichtigsten Bezugspersonen (beispielsweise Eltern und Geschwister) erleben müssen. Diese Trennungserfahrung in der Kindheit hinderte sie daran, ihren Eltern gegenüber Vertrauen zu entwickeln. Nicht nur die Trennung im Kindesalter, auch das Migrationsziel der Eltern (Geld verdienen und schnellstmöglich zurückkehren) förderte nicht gerade die Eltern-Kind-Beziehung in der Migration. Das gestörte Eltern-Kind-Verhältnis konnte im Erwachsenenalter dieses Typus' nicht ohne Folgen bleiben und übertrug sich häufig auch auf die Ehe. Die Enttäuschung über die Partnerschaft wird von den Frauen am Anfang stillschweigend hingenommen. Die Hoffnung auf bessere Zeiten geht bei ihnen zunächst mit Resignation einher. Die Gewaltbereitschaft und Untreue des Ehemannes bilden zu Beginn der Ehe keinen Grund zur Trennung. Erst nachdem die ehelichen Konflikte den Eltern bekannt werden, nehmen diese Frauen Gewalt und Untreue nicht mehr hin und trennen sich. Also nachdem die Repräsentantinnen ihre Hoffnung auf eine bessere Zukunft endgültig aufgeben und das Einverständnis der Eltern einholen können.

Zweiter Typus: Scheidung als Weg zur Selbstbestimmung

Zu diesem Typus gehören Frauen, die den Kampf zwischen den Kulturen zu ihrer „Normalbiografie" geklärt haben. Sie entwickeln letztendlich eine Balancestrategie zwischen sich, „als moderner Nicht-Türkin", der „traditionellen" türkischen Community, der „modernen" deutschen Gesellschaft und der Kernfamilie, um ihre Lebensaufgabe zu verwirklichen. Trotz ihrer strukturell „gut gelungenen Integration" – z. B. durch einen guten Schulabschluss sowie einer Berufsausbildung, guten Sprachkenntnisse etc. – folgen diese Frauen dem „traditionellen" Familienmodell. Was vom Konzept der Eltern abweicht, ist die vollzogene Scheidung.

Zwei Maximen gibt es in dem Leben dieser Frauen: Die eine ist, dass sie versuchen, mit ihren Eltern gut auszukommen, die andere ist, dass sie nach intellektuellen Kriterien entscheiden, ihre Emotionen eher unterdrücken und offene Konflikte mit den Eltern möglichst vermeiden. So sind sie immer wieder zwischen rationalen Argumenten und ihren Gefühlen hin und her gerissen. Das zeigt sich beispielsweise daran, dass diese Frauen die Dinge, die ihren Eltern nicht passen, so verpacken – in diesem Falle auch die Scheidung –, dass die Eltern es akzeptieren und sie so mit ihnen nicht in Konflikt geraten. Sie möchten aus der strukturellen Tradition herauskommen, schaffen dies jedoch nicht gänzlich, weil sie nicht in der Lage sind, Konflikte offen auszutragen.

Insgesamt kann man bei diesem Typus von Frauen feststellen, dass sie i.d.R. nicht bereit sind, ihre Wünsche nach praktischer Durchsetzung der egalitären Aufgabenteilung zurückzustecken. Gelingt es ihnen nicht, mit dem Ehemann eine gleichberechtigte Partnerschaft einzugehen, sind sie eher bereit, die Partnerschaft zu beenden. Die Trennung muss dann aber wiederum nach außen einen gesellschaftlich tragfähigen und akzeptierten Grund haben. Ihre Scheidung begreifen diese Frauen als Chance zur Selbstbestimmung, als Schritt zur modernen und individualisierten Lebensführung. Die gesellschaftliche Anerkennung ihrer Trennung bzw. Scheidung ist jedoch für diese Frauen von großer Bedeutung, weil für sie die Anerkennung durch die türkischen Community unverzichtbar ist.

Dritter Typus: Scheidung als Bruch mit der traditionellen Gemeinschaft

Charakteristisch für diese Frauen ist, dass ihr Leben durch eine Reihe von traumatischen Trennungserfahrungen im Kindesalter, durch die so genannte „Pendelmigration" geprägt ist, die später in der Migration durch die spannungsbeladenen Familienbeziehungen und durch die schwierigen Migrationsfolgen verstärkt werden. Aus dieser prekären Familiensituation resultieren massive Trennungs- und Verlustängste sowie ein gestörtes Selbstwertgefühl. Um das zu überwinden, wählen die Biografinnen als Lösungs- und Bewältigungsstrategie die schulische Bildung. Sie konzentrieren sich auf ihre schulische Bildung und tun dafür alles, um ihre Bildungsziele zu erreichen. Bildung ist für sie zunächst die Ressource, mittels derer sie als Frau die angestrebten Ziele wie Freiheit, Mitsprache und Mitbestimmung innerhalb ihrer Community erreichen möchten. Bildung ist sozusagen für die

Frauen der Schlüssel zur Selbstverwirklichung sowie zur Freiheit. Sie versuchen ihre Bildungswünsche und -ziele mit Gründung einer eigenen Familie zu kombinieren. Ihr Selbstkonzept enthält die Vereinbarkeit von individueller Freiheit, Beruf und Familie. Dies ist gleichzeitig die akzeptable Lebensführung der Kernfamilie und der türkischen Community im Einwanderungsland. Das zentrale Motiv für das Scheitern der Ehe ist wiederum die Gefährdung ihrer Unabhängigkeit und egalitäre Partnerschaft.

Vergleich der Ergebnisse

Die Scheidungsursachen und -folgen haben je nach Typus und Familienbiografie, die allesamt mit der Migrationsgeschichte verknüpft sind, unterschiedliche biografische Relevanz und Bewältigungsstrategien. Jede Frau in dieser Studie repräsentiert spezifische Stärken und individuelle Bewältigungsstrategien im Trennungs-/Scheidungsprozess, um die subjektiven Scheidungsursachen und -folgen zu verarbeiten. Sie erleben in der Migration einerseits eine Rückbindung an die Familie als Schutz vor gesellschaftlicher Stigmatisierung und Isolierung, andererseits fühlen sie sich durch sie in ihren angestrebten individuellen Freiheiten und ihrer Selbstverwirklichung eingeschränkt. Dies sind spezifische Fakten, mit denen sich Migrantinnen in einer Partnerschaft auseinandersetzen und sich tagtäglich neue Bewältigungsstrategien überlegen müssen. So paradox es auch klingen mag, bleibt die Herkunftsfamilie zwar für die Einzelnen als Modell handlungsrelevant und hat immer noch eine große Bedeutung in der Entwicklung individueller Identitäten, sie wird jedoch gleichzeitig kritisch betrachtet und stellt sich nicht selten im Leben der Frauen als Konfliktfeld dar.

3 Ausblick

Die derzeit engagiert geführte öffentliche Debatte über Zwangsverheiratung oder Ehrenmorde zeigt im Gegensatz zu meiner Studie, dass Migrantinnen immer mehr in die Opferrolle zurückfallen und ihre realen gesellschaftlichen Chancen und Probleme in der Diskussion kaum Beachtung finden. Dieser Umgang mit diesem prekären Thema nützt jedoch weder den Betroffenen selbst, noch unterstützt er Frauen in ihrem Integrationsprozess. Meine empirischen und praktischen Erfahrungen und Auseinandersetzungen mit Migrations- und Genderfragen machen deutlich, dass der Schlüssel für die Existenzfähigkeit, geschlechtergerechte Behandlung, Teilhabe und soziale Integration von Migrantinnen in unserer Gesellschaft vor allem in der Bildung und beruflichen Qualifikation liegt. Mangelnde Bildung führt nicht nur zur schlechten Arbeitsbedingungen, sondern verhindert die soziale Integration der Frau und fördert nicht zuletzt die Akzeptanz einer unfreiwilligen Ehe.

Der Schlüssel zur verbesserten Integration liegt neben der beruflichen Bildung auch in der kontinuierlichen Auseinandersetzung mit ethischen Fragen, denn viele Hindernisse und Barrieren im Rahmen der Integrationsbestrebungen resultieren aus massiven Differenzen in der Bewertung und Umsetzung von Werten und Normen wie z.B.: Berufliche und soziale Gleichberechtigung, Gewaltfreiheit, Individualität und Selbstständigkeit. In den eher „kollektivistisch" orientierten Migrantenfamilien ist eine „individualistische" Orientierung, die oftmals erforderlich ist für ein selbst bestimmtes Leben in Beruf und Familie, nicht erwünscht und erstrebenswert. Dies erschwert vor allem die Integration der Frauen und Mädchen, da sie nicht losgelöst von Interessen und Werten der Familie agieren können und oftmals in ein Dilemma geraten, welches nicht nur erheblichen Kraftaufwand erfordert, sondern bis zur Stagnation in ihrer individuellen Lebensgestaltung führen kann.

Für die Soziale Arbeit mit Migrantinnen bedeutet dies, besondere Aufmerksamkeit auf die Akzeptanz unterschiedlicher Lebensformen, Religionen und Respekt vor anderen Lebens- und Glaubensarten zu richten und diese gezielt zu unterstützen. Wenn verschiedene Kulturen und Nationalitäten aufeinander treffen, ist es aus meiner Sicht unumgänglich, dass es im Lebensalltag der Menschen eine minimale Einigung bezüglich ethischer Themen gibt. In einer gesamtgesellschaftlichen, wertebezogenen Auseinandersetzung und der Vereinbarung bezüglich eines ethischen Minimalkonsenses würden diverse Hürden abgebaut und Integrationsprozesse für Frauen mit Migrati-

onshintergrund deutlich erleichtert und auch langfristig Zwangshei-
rat sowie Unterdrückung der Frau in einer Ehe verhindert werden
(Süzen 2006).

Literatur

Beck, U. (1986): Risikogesellschaft. Auf dem Weg in eine andere Moderne. Frankfurt a.M.: Suhrkamp.
Beck, U./Beck-Gernsheim, E. (1990): Das ganz normale Chaos der
Liebe. Frankfurt a.M.: Suhrkamp.
Beck-Gernsheim, E. (1997): Wenn Scheidung normal wird. In: Pädagogik 7-8, S. 21-26.
Beauftragte der Bundesregierung für Migration, Flüchtlinge und Integration (2005): Dokumentation zur Berufsausbildung – Eine Zu-
kunftschance für Zugewanderte, Bonner Universitäts-Buchdru-
ckerei.
Fischer-Rosenthal, W. (1996): Strukturale Analyse biographischer Tex-
te. In: Brähler/Adler (Hg.). Qualitative Einzelfallanalysen und
qualitative Verfahren. Psychosozial, S. 147-206. Gießen.
Schütze, F. (1983): Biographieforschung und narratives Interview. In:
NeuePraxis. Nr. 3, S. 283-293.
Süzen, T. (2003): Das Scheidungsverhalten türkischer Migrantinnen
der zweiten Generation in der Bundesrepublik Deutschland – Die
subjektiven Ursachen und Folgen der Scheidung. Berlin/Bern/
Bruxelles/New York/Oxford/Wien: Verlag Peter Lang.
Süzen, T. (2004): „Geschiedene Migrantinnen der zweiten Generation
aus der Türkei." In: Zeitschrift für Migration und Soziale Arbeit.
Ausgabe IZA 3-4 2004.
Süzen, T. (2006): „Integrationsprozesse von Frauen mit Migrations-
hintergrund – Chancen und Hindernisse." In: TUP – Theorie und
Praxis der Sozialen Arbeit. Arbeiterwohlfahrt Bundesverband e.V.
2/2006
Wallerstein J./Blakeslee, S. (1994): Scheidung-Gewinner und Verlie-
rer. In: U. Beck/E. Beck-Gernsheim (Hg.): Riskante Freiheiten,
S. 168-187. Frankfurt a.M.: Suhrkamp.

Carla Wesselmann

Lebensgeschichtliche Verläufe und Ressourcen wohnungsloser Frauen

1   Einleitung

M ein Beitrag gibt einen gebündelten Überblick über die wichtigsten Ergebnisse aus meiner Dissertation, einer biografieanalytischen Fallstudie. Bei den hier dargestellten Ergebnissen handelt es sich also um theoretische Verallgemeinerungen. Sie basieren erstens auf der Rekonstruktion der Biografien wohnungsloser Frauen[1], zweitens auf deren kontrastiven Vergleich (vgl. Rosenthal 2005, S. 196).

Zunächst werden die Forschungsfragen mit dem Forschungsstand (1.1.), und das Forschungsdesign mit der methodologischen Verortung in die rekonstruktive Biografie- und Sozialarbeitsforschung vorgestellt (1.2.). Dann werden erstens die fallübergreifenden Erkenntnisse (2.1.), zweitens die Ergebnisse aus dem kontrastiven Vergleich dargestellt (2.2.). Im Fazit werden die Konsequenzen für die Praxis (3.1.), anschließend deren Bedeutung für die Theorie Sozialer Arbeit (3.2.) kurz diskutiert.

1.1   Entstehung meiner Forschungsfragen

In meiner sozialarbeiterischen Praxis[2] begegneten mir Frauen am Ende ihres Weges in Armut[3] und als eine extreme Dimension davon in

---

1   Fünf Fälle wurden extensiv ausgewertet, fünf weitere grob analysiert. Die befragten Frauen gehören unterschiedlichen Jahrgängen an, kommen aus verschiedenen Regionen und Ländern. Hinsichtlich Dauer und Häufigkeit der Wohnungslosigkeit liegt die Varianz von einmal wohnungslos für die Dauer weniger Tage und Wochen bis hin zu Phasen wiederholter Wohnungslosigkeit, die länger als ein Jahr und in einem Fall bis heute andauert.

2   Als Leiterin einer stationären Übergangseinrichtung für wohnungslose Frauen mit und ohne Kinder auf der Rechtsgrundlage des § 67 SGB XII (früher § 72 BSHG).

3   In meiner Studie bedeutet Armut, wie von Susanne Gerull u.a. in ihrem Beitrag i.d.B. formuliert: *"die Kumulation von Unterversorgungslagen und sozialen Benachteili-*

der Wohnungslosigkeit. Etliche von ihnen kamen aus ‚scheinbar' sozial stabilen Verhältnissen. Das heißt, sie hatten über Jahre hinweg in Ehen/Partnerschaften gelebt, teils dabei Kinder groß gezogen und/ oder gearbeitet. So entstand bei mir die Frage: was insbesondere in deren jeweiligen Leben passiert war und welche sozialen Bedingungen, auch in Form von nicht bekannten, nicht existenten oder nicht wirksamen Angeboten professioneller Hilfen, ihre Prozesse in die Wohnungslosigkeit mit befördert hatten.

Auf der Suche nach Antworten für präventive Angebote, fand ich in den wenigen Publikationen zu wohnungslosen Frauen, u.a. in der Pionierstudie von Geiger/Steinert (1991) und in den Folgestudien von Enders-Dragässer et al. (1999, 2002), die Erklärung, dass ein *„multifaktorielles Bedingungsgefüge"* (Geiger/Steinert 1991, S. 13) in die Wohnungslosigkeit hineinführen kann. Dazu werden u.a. folgende sich wechselseitig beeinflussende und verstärkende Faktoren gezählt: familiäre Interaktionsprobleme, häusliche Gewalt, Einkommensarmut, Krankheit und ein Mangel an persönlich-sozialen Ressourcen. Trotz der dazu angeführten empirischen Beispiele und eigener Praxis blieb für mich die Frage nach den lebensgeschichtlichen Verläufen wohnungslos gewordener Frauen noch zu wenig beantwortet. Dies betraf insbesondere die Entstehung von Handlungsorientierungen und Problemlösungsmuster sowie ob und wie sich diese in der Wohnungslosigkeit, auch in den Interaktionsprozessen mit dem professionellen Hilfesystem, erweitern und verändern.

1.2 Zum Design und methodologischer Verortung

So entwickelte ich ein qualitatives – rekonstruktives – Forschungsdesign und wählte ein Erhebungs- und Auswertungsverfahren, das die Frauen als aktiv Handelnde wahrnimmt und ihre gesamte Lebensgeschichte untersucht. Die Datenerhebung erfolgte in Form narrativer Interviews (Schütze 1983), die ich nach dem Verfahren der biografi-

---

gungen." Dabei möchte ich hervorheben, dass ich Armut nicht als statischen Zustand, sondern als einen Prozess betrachte, der ihre Veränderung oder Überwindung implizieren kann. Dies ist insofern von Bedeutung, als dass ich (in diesem Beitrag nur kurz) Wege skizziere, wie Sozialarbeiterinnen wohnungslose Frauen in ihrem Bemühen, diese Lebenslage auf Dauer zu verlassen, unterstützen können.

schen Fallrekonstruktion (Rosenthal 1995, 2005) auswertete. Im Forschungsprozess orientierte ich mich an dem von Strauss und Glaser 1967 erstmalig vorgestellten *Konzept der Grounded Theory*, welches vorsieht, empirische Studien ohne vorab gebildete Hypothesen zu beginnen. Erst in deren Verlauf werden durch das abduktive Vorgehen (Peirce 1933/1980; Reichertz 2003) erste Annahmen generiert, die fortlaufend geprüft, verifiziert und modifiziert werden. Dabei bleiben am Ende der Analyse diejenigen stehen, die nicht falsifiziert werden können. Bei dieser Art der Hypothesenbildung handelt es sich also um vorläufige und am wahrscheinlichsten zutreffende Ergebnisse. Die Studie verortet sich in die soziologische Biografieforschung und im Bereich der Theorie Sozialer Arbeit in die rekonstruktive Sozialarbeitsforschung.[4]

2 Zentrale Ergebnisse

In Form von kurzen Statements werden die fallübergreifenden Erkenntnisse aus den rekonstruierten Biografien dargestellt, die auf je unterschiedlichen also fallspezifischen Zusammenhängen beruhen und hier nicht näher erklärt werden können.

2.1 Fallübergreifende Ergebnisse

1. In lebensgeschichtlichen Verläufen wohnungsloser Frauen finden sich individuell unterschiedlich gelagerte Erfahrungen von Machtungleichheiten, Ohnmachtssituationen bis hin zu Traumatisierungen. Diese Erfahrungen werden im Kontext wechselseitiger

---

4   Sie orientiert sich an den Prinzipien einer rekonstruktiven Sozialforschung (vgl. Bohnsack 2003) Dies impliziert neben der Beforschung der Alltagspraxis und der Relevanzstrukturen der Adressatinnen Sozialer Arbeit und/oder der Professionellen auch die Beforschung der Interaktionen zwischen Beiden sowie die Reflexion der Forschungspraxis. Damit meine ich die Methodik, wie auch die damit verbundenen methodologischen Fragen und Probleme. Diese Reflexion hat sich dabei auch der grundlegenden Spannung, die zwischen Praxis und Theorie Sozialer Arbeit besteht, zu vergegenwärtigen (vgl. Hamburger 2005: 37/47 zit. nach Miethe 2007, S. 9-35). Diese Spannung beruht u.a. auf deren unterschiedlichen Interessenslagen, die zu je eigenen Fragestellungen führen können.

Beziehungsgeflechte oft schon in den ersten Lebensjahren erlebt. Darauf schichten sich in je unterschiedlicher Weise weitere Erfahrungen auf und beeinflussen die Geschichte ihrer Beziehungen und ihren Umgang damit.

2. In diesen Figurationen[5] entwickeln die Frauen Überlebenstechniken als Mechanismen der Selbstregulierung (vgl. Elias 2003), die von ihren jeweiligen Erlebnissen und Erfahrungen bestimmt sind.

3. Aus diesen Mechanismen der Selbstregulierung entwickeln die Frauen allmählich ihre Handlungsorientierungen und Problemlösungsmuster, die ihnen teils jahrelang einen erfolgreichen Umgang mit unterschiedlichsten Schwierigkeiten ermöglichen. Dieselben Problemlösungsmuster können sie aber auch in die Wohnungslosigkeit hineinführen.[6]

4. Ihre Wohnungslosigkeit tritt also niemals ad hoc ein, auch wenn eine Frau scheinbar spontan aus ihrer Wohnung „auf die Straße geht" oder aus einem ungesicherten Untermietsverhältnis die Wohnung verlassen muss und eine Notunterkunft für wohnungslose Frauen nutzt. Oder sie sich vor der Gewalt ihres Partners ins Frauenhaus[7] flüchtet. Erfahrungen der Wohnungslosigkeit stehen vielmehr in einem prozessualen und wechselseitigen Zusammenhang mit der jeweiligen Lebensgeschichte. Krisenhafte Verläufe bis zur Wohnungslosigkeit vollziehen sich in schleichenden Prozessen und werden weniger durch ein einmaliges Ereignis, wie

---

5 Das Konzept der Figuration wurde von Norbert Elias (u.a. 1970, S. 12 und 143) entwickelt. Darunter wird ein von wechselseitigen Abhängigkeiten gekennzeichnetes Beziehungsgeflecht verstanden. Figurationen stellen soziale Muster des Zusammenlebens von Menschen dar, die in einem unterschiedlichen Maß aufeinander angewiesen sind (Machtdifferenziale). MACHT selbst wird als allgegenwärtige Komponente menschlicher Beziehungen begriffen. Man könnte anmerken, dass dieser Blick auf die Figurationen vergleichbar einer systemischen Perspektive sei, was durchaus zutreffend ist. Der Unterschied liegt darin, dass bei dem Blick auf Figurationen, der Focus auf die darin fluktuierenden Machtbalancen und deren Wandel gerichtet ist (vgl. 4. Kapitel meiner Studie zur Begründung der Anschlussfähigkeit und Sinnhaftigkeit die Biografie- mit der Figurationstheorie zu verknüpfen).

6 Dies zeigt sich besonders deutlich am Fall der Gerlinde Rorsky (vgl. ihre Fallgeschichte im 3. Kapitel meiner Arbeit).

7 Bei diesen drei Beispielen geht es darum zu skizzieren, wie Frauen „wohnungslos" werden können, auch wenn sie damit noch nicht die Voraussetzungen für die gesetzliche Definition von „wohnungslos" erfüllen.

bspw. durch den plötzlichen Unfalltod des Partners oder durch die Nichtzahlung der Miete durch das Amt,[8] ausgelöst. Solch ein Ereignis kann in aller Regel erst im Zusammenkommen und -wirken mit weiteren sozialen Bedingungen seine auslösende Wirkung entfalten.

5. Bei Wohnungslosigkeit handelt es sich meist nicht um die erste lebensgeschichtlich relevante Krise[9].

6. In der Wohnungslosigkeit handeln Frauen fast ausschließlich auf der Basis ihrer bis dahin entwickelten und ausgeübten Beziehungs-, Handlungs- und Problemlösungsmuster. Bis auf partielle Veränderungsversuche führen sie also ihre bisherigen Muster, deren biografische Dynamik und Eigenlogik ihnen nur implizit, jedoch nicht in Gänze bewusst ist, fort. Sowohl dieses Festhalten an vertrauten Mustern, als auch das Nichtgreifen ihrer partiellen Veränderungsbemühungen führt allmählich zu einer Eigendynamik und damit einhergehenden problemverschärfenden Wirkung.

So stellte sich für mich die Frage, welche jeweiligen sozialen Bedingungen ein Festhalten oder eine Veränderung bisheriger Handlungs- und Problemlösungsmuster fördern, die mich durch den kontrastiven Vergleich der rekonstruierten Biografien begleitete.

2.2 Zentrale Ergebnisse aus dem kontrastiven Vergleich

So zeigt ein Ergebnis, dass Veränderungsversuche der Frauen oft von biografisch unterschiedlich gelagerten, nicht ausbalancierten Ambivalenzen[10] begleitet und teils massiv davon behindert werden. Die ,*Krux nicht (mehr) ausbalancierter Ambivalenzen*' erklärt u.a., weshalb es bei

---

8   Die Zuständigkeits- und Überlastungsproblematik der Ämter kann Prozesse des Wohnungsverlustes begünstigen, was ein weiterer Fall aus dem Sample vorliegender Studie zeigt.

9   Der in dieser Studie verwendete Krisenbegriff wird in den Falldarstellungen deutlich (vgl. 3. Kapitel meiner Arbeit).

10   Über die je fallspezifische Bedeutung hinaus fasse ich unter Ambivalenz (Hillmann 2007): das Erleben von einem Neben bzw. kurz Hintereinander wechselvoller sowie widersprüchlicher Empfindungen. Sie entstehen in einer Welt mit Strukturen, die ihrerseits Ambivalenzen hervorbringen, woraus sich widersprüchliche Anforderungen an die Menschen ergeben. Als einen möglichen Umgangsmodus damit können gleichzeitig bzw. kurz nacheinander gegensätzliche Handlungen vollzogen werden.

der Be- und Verarbeitung der Wohnungslosigkeit nicht, bzw. weitaus seltener als ‚normativ' erwartet und von staatlicher Seite erwünscht, zu einer Transformation bisheriger Handlungs- und Problemlösungsmuster kommt.

Dies liegt mit an den sozialen (Ausgangs-)Bedingungen begründet, mit denen die Frauen meist schon in ihren ersten Lebensjahren konfrontiert waren. So wurden sie oft in von Gewalt-, Krankheit-, Suchtbelasteten Sozialisationskontexten groß und dort mit vielfältigen Überforderungssituationen konfrontiert, die ihnen Anpassungsleistungen abverlangten, welche ihre altersgemäßen Ressourcen häufig überstiegen. Mit diesen sozialen Bedingungen, welche für sie mit dem Erleben ihrer Funktionalisierung und ihrer Machtunterlegenheit einhergingen, mussten die Frauen lernen, umzugehen. Die von ihnen gefundenen Umgangsweisen lassen sich mit bestimmten Handlungsmodi beschreiben: einmal sich aus belastenden Kontexten zu distanzieren, zum anderen selbst gewählte Zugehörigkeit zu suchen. Diese Handlungsmodi, die auch unser Handeln mit bestimmen, spielen bei den wohnungslosen Frauen eine bedeutsame Rolle.

So beeinflussen sie als steuernde Bestandteile in teils ‚virulenter' Weise deren Beziehungs-, Handlungs- und Problemlösungsmuster. Dies liegt auch an den Mitteln, die dabei von ihnen eingesetzt werden. So ermöglicht(e) der *Modus der ‚Distanzierung'* den Frauen, aus schwierigen, traumatischen Situationen erst innerlich bspw. mittels Dissoziation (vgl. Herman 1994) und später auch räumlich oder sozial auf Abstand zugehen, bspw. durch Suchtmittelkonsum. Dieser Handlungsmodus geht mit einer Autonomieorientierung einher. Mit dem *Modus der ‚Herstellung von Zugehörigkeit'* hingegen, such(t)en die Frauen ihnen fehlende Sicherheit und Anerkennung ‚irgendwo' im Kontext selbst gewählter Beziehung, Partnerschaft, im Milieu oder Beruf zu finden. Dies kann ebenso unter Zuhilfenahme eines Suchtmittels geschehen, bspw. gemeinsam Alkohol zu trinken. Diesem Handlungsmodus liegt eine Orientierung nach sicherer Beziehung und selbst gewählter sozialer Zugehörigkeit zugrunde.

Mit beiden Handlungsmodi, die in ihren Biografien in unterschiedlicher Weise auftreten und ineinander spielen, versuchen die Frauen also, ihr Leben zu gestalten. So suchen sie zum einen sehr unterschiedliche Lebensziele, wie bspw. Autonomie im Sinne von Unabhängigkeit und Sicherheit in Form einer Beziehung, gleichzeitig zu realisieren. Dabei können sie in innerpsychische Ambivalenzprozesse gelangen. Zum anderen versuchen die Frauen mit den Handlungsmodi als steuernde Bestandteile ihrer Problemlösungsmuster, Antworten auf interaktive Ambivalenzen zu finden. Diese begegnen ihnen bspw. in Form ambivalenter Beziehungsangebote oder durch die Anforderungen bestimmter Ambivalenz erzeugender Strukturen, wozu auch das professionelle Hilfesystem mit seinem Doppelmandat Hilfe und Kontrolle zählt. Diesen jeweiligen Umgang mit interaktiven-innerpsychischen Ambivalenzen, den alle Menschen praktizieren, wird von mir als biografisches Ambivalenzmanagement bezeichnet, das somit als weiterer steuernder Bestandteil der Problemlösungsmuster hinzukommt.

3 Fazit

Mit dieser hier nur möglichen Skizzierung von Ambivalenzen und deren Management, wie auch der möglichen biografischen Funktion von Handlungsmodi sollte für die innnewohnende Dynamik von Problemlösungsmustern sensibilisiert werden. Denn deren Dynamik wirkt in die Interaktionsprozesse, die die wohnungslosen Frauen mit dem professionellen Hilfesystem erleben, mit hinein.

3.1 Konsequenzen für die Praxis Sozialer Arbeit

Wie dies besonders deutlich wird, möchte ich kurz anhand der Frauen zeigen, die mit einem von sichtbaren Ambivalenzen begleiteten Beziehungs- und Problemlösungskonzept handeln, so auch beim Versuch, die Wohnungslosigkeit zu verlassen.[11] Diese Ambivalenzen können oft auch schon in der Vorlaufphase eines Hilfeprozesses beobachtet werden. Wiederholte Terminvereinbarungen, die von den Frauen nicht realisiert werden, können bspw. als ein Indikator für potenzielle Ambivalenzen gedeutet werden. Auch wenn in dieser Vor-

---

11 Zu diesem Ergebnis s. Typologie zu Umgangsformen in und mit der Wohnungslosigkeit (vgl. 5. Kap. m. Arbeit).

laufphase noch nichts über deren konkrete Funktion und Logik bekannt sein kann, besteht die Chance mit einer sensiblen Haltung dafür, diese als Einflussgröße für den weiteren Interaktionsverlauf wahrzunehmen. Ob es sich dabei eher um innerpsychisch gelagerte oder um interaktive Ambivalenzen handelt, die sich auf Anforderungen des Hilfeangebotes beziehen, und sich auf die bereits bestehenden Ambivalenzen aufschichten, kann erst im Verlauf eines einsetzenden Hilfeprozesses eruiert werden. Demnach kommt dem Verstehen der Ambivalenzen wie auch deren Management für das gelingende Verlassen der Wohnungslosigkeit eine Schlüsselbedeutung zu.

Das setzt ein intensives Verstehensbemühen voraus, das für die Praxis Sozialer Arbeit eine doppelte Herausforderung bedeutet: erstens die Dynamik des jeweiligen Ambivalenzmanagements gemeinsam mit den wohnungslosen Frauen zu entschlüsseln. Zweitens kann bei diesem Entschlüsselungsprozess die in ihrer Logik noch nicht verstandene Dynamik des Ambivalenzmanagements in die Interaktion ‚störend' hineinwirken. Teils handelt es sich also um einen Wettlauf mit der Zeit. So kann sich bspw. diese Dynamik in Form wiederholter Abbrüche der Hilfe äußern bzw. fortsetzen. Abbrüche treten ein, wenn biografische Relevanzen der Frauen berührt werden, bspw. aus Angst vor Kontrollverlust durch einsetzende oder sich verstärkende Fremdkontrolle. Wenn Abbrüche definitiv sind oder länger als einige Tage dauern, führen sie zur Einstellung der Kostenübernahme bzw. kann die Refinanzierung der Hilfe sehr viel schwieriger werden. Diese institutionellen-finanziellen Bedingungen[12] erschweren die Entwicklung eines professionell gestalteten Beziehungs- und Unterstützungsangebotes, das mit der erforderlichen Flexibilität auf ein von Ambivalenzen dominiertes Beziehungs- und Problemlösungskonzept antworten kann.

Neben einem erforderlichen sozialpolitischen Engagement die genannten institutionellen Bedingungen zu flexibilisieren sehe ich als weitere Konsequenzen für die Praxis Sozialer Arbeit: sich Er(Kenntnisse) über die Dynamiken biografischer Handlungsmuster anzueignen und

---

12 Bspw. auch durch die in der Beschreibung der jeweiligen Leistungstypen festgelegte durchschnittliche Stundenzahl, die pro Fall für die persönliche Hilfe eingesetzt werden kann, welche den Sozialarbeiterinnen in der Regel nicht ausreichenden Handlungsspielraum gewährt, um angemessen auf ambivalent handelnde Frauen einzugehen.

sich dabei insbesondere für Ambivalenzen zu sensibilisieren, um diese in ihrer Funktion und Logik zu verstehen. Dies impliziert also biografiereflexive[13] Zugänge und Interventionsmethoden zu nutzen.

3.2 Die Bedeutung für die Theorie Sozialer Arbeit

Mit diesem Beitrag über die empirisch geerdeten Resultate meiner Arbeit, welche die Ambivalenzen wohnungsloser Frauen einschließt, wird die Weiterentwicklung der ambivalenzreflexiven Theorie (Kleve u.a. 2007) ermöglicht. Denn in letzterer wird aus einer systemtheoretischen Perspektive[14] ausschließlich auf Ambivalenzen bzw. Handlungsparadoxien des professionellen Hilfesystems fokussiert.

Mit dieser Erweiterung geht aus meiner Sicht die Notwendigkeit einer Grundlagenforschung zu Ambivalenzen und deren Freilegung in den Figurationen zwischen Adressaten und Professionellen Sozialer Arbeit einher. Daran könnte u.a. deutlich werden, wie in der Praxis Sozialer Arbeit konkret gearbeitet wird, also bspw. wie sich Sozialarbeiterinnen ihrer Wissensbestände, insbesondere der impliziten, bedienen. Diese Erkenntnisse könnten die Basis für eine nachfolgende Evaluation bilden, welche der Frage nachgeht, was sich ändert, wenn biografiereflexive Zugänge und Methoden noch intensiver als es bislang geschieht, genutzt werden.

Literatur

Bohnsack, R. (2003): Rekonstruktive Sozialforschung. Eine Einführung in die Methodologie und Praxis qualitativer Forschung. Opladen: Leske + Budrich.

---

13 Damit meine ich in Anschluss an Roer (Vortrag, 2007) einmal *„die Professionellen selbst, sich als biografische Akteure zu verstehen, welche die Bedingungen ihres eigenen und professionellen Handelns reflektieren."* Zweitens meine ich damit den Einsatz von Zugängen und Methoden, welche das biografische, also gleichermaßen das individuelle und gesellschaftliche Gewordensein, der Adressatinnen Sozialer Arbeit berücksichtigt.

14 Zur Systemtheorie und ihren unterschiedlichen Ansätze sei zudem auf Michael Klassen (2004) verwiesen, der sie bezogen auf ihren Nutzen für Theorie und Praxis Sozialer Arbeit vorstellt und miteinander vergleicht.

Enders-Dragässer, U. u.a. (1999): Frauen ohne Wohnung. Handbuch für die ambulante Wohnungslosenhilfe für Frauen. Berlin/Köln. (Schriftenreihe d. BMFJ, Bd. 186).

Enders-Dragässer, U. u.a. (2002): Berufliche Förderung von Alleinstehenden wohnungslosen Frauen. Stuttgart. (Schriftenreihe d. BMFJFS, Bd. 186.1).

Elias, N. (1970): Was ist Soziologie? München.

Elias, N. (2003): Figuration. In: Schäfers, Bernhard (Hg.): Grundbegriffe der Soziologie, 8. Auflage, S. 88-91. Opladen: Leske + Budrich.

Geiger, M./Steinert, E. (1991): Alleinstehende Frauen ohne Wohnung. Berlin/Köln. (Schriftenreihe, BMFSFJ, Bd. 5).

Glaser, B. G./Strauss, A. (1967): The discovery of Grounded Theory. Chicago: Aldine.

Herman, J.L. (1994): Die Narben der Gewalt: Traumatische Erfahrungen verstehen und überwinden. München: Kindler.

Hillmann, K-H. (2007): Wörterbuch der Soziologie, 5. Auflage. Stuttgart: Kröner.

Klassen, M. (2004): Was leisten Systemtheorien in der Sozialen Arbeit? Bern: Haupt.

Kleve, H. (2007): Ambivalenz, System und Erfolg. Provokationen postmoderner Sozialarbeit. Heidelberg: Carl – Auer.

Miethe, I. u.a. (2007): Rekonstruktion und Intervention Interdisziplinäre Beiträge zur rekonstruktiven Sozialarbeitsforschung, Band 4. Opladen: Verlag Barbara Budrich.

Peirce, Ch. S. (1933/1980): Collected Papers, Hartshorne, Ch./Weiss, P. (Eds.): Cambridge: Belknap (see 7.218)

Reichertz, J. (2003): Die Abduktion in der qualitativen Sozialforschung. Opladen: Leske + Budrich.

Roer, C. D. (1.12.2007): „Soziale Teilhabe – Wege aus der Armut", Jahrestagung der Deutschen Gesellschaft für Soziale Arbeit, Forum H: „Prekäre Lebenslagen/Sozialpolitik"

Rosenthal, G. (1995): Erlebte und erzählte Lebensgeschichte, Frankfurt a.M.: Campus.

Rosenthal, G. (2005): Interpretative Sozialforschung. Eine Einführung. Weinheim/München: Juventa.

Schütze, Fritz (1983): Biographieforschung und narratives Interview. In: Neue Praxis, Kritische Zeitschrift für soziale Arbeit und Sozialpädagogik, 3/83, S. 283-293.

Petra Wihofszky

Peers in der Aidsprävention in Westafrika: Erleben von Teilhabe und Empowerment

1 Einleitung und Forschungsfragen

In der Aidsprävention gelten Ansätze mit Peers als erfolgreiche Praxismethoden. Peer-Ansätze werden als „Kommunikation von gleich zu gleich" definiert (Svenson 1998) und funktionieren nach dem Prinzip, Personen einer Zielgruppe dazu auszubilden, erwünschte Einstellungen, Verhaltensweisen und Lebensstile in ihrem sozialen Umfeld glaubhaft zu verbreiten. Aus professioneller Sicht bieten Peer-Ansätze den Vorteil, Zielgruppen alltagsnah und kostengünstig zu erreichen (Parkin/McKeganey 2000). In der Praxis zeichnet sich ein unerwarteter doppelter Effekt der Ansätze ab: Peers tragen nicht nur zum Erfolg von Aktivitäten entscheidend bei, sondern wachsen in ihrer Aufgabe und entwickeln ein professionelles Selbstverständnis ihrer Rolle (Nörber 2003; Kleiber/Appel 2001). Peer-Ansätze werden in dieser Studie mit dem äquivalent verwendeten, neu eingeführten Begriff Peer-Work bezeichnet. Unter dem Sammelbegriff Peer-Work werden alle Handlungspraxen von Peers in Projekten subsumiert. Ihren noch wenig beachteten Entwicklungsprozessen soll mit dem Begriff Peer-Work definitorisch Rechnung getragen werden.

Der doppelte Effekt von Peer-Work fiel auch in Projekten der Aidsprävention im Setting der Sexarbeit in Westafrika auf. In einigen westafrikanischen Ländern, wie z.B. der Côte d'Ivoire, stiegen in den 1990er Jahren die HIV-Prävalenzen von Sexarbeiterinnen auf 60% bis zu 80% an (UNAIDS 2002). Als Response implementierten nationale Aidskontrollprogramme in Kooperation mit bi- und multilateralen Organisationen primärpräventive Aktivitäten und stützten sich dabei auf die drei Bereiche Aufklärung, Zugang zu Kondomen und Zugang zur Behandlung von Geschlechtskrankheiten. Eine Studie für die *Ini-*

tiative Ouest Africaine in den Ländern Côte d'Ivoire, Mali, Senegal und Togo stellte die wichtige Rolle von Peer-Workern an der Schnittstelle der Aktivitäten fest und wies auf die als doppelter Effekt bekannter Entwicklungsprozesse hin (Wihofszky 1998, 2000). Ausgehend davon entstand die Frage nach den Hintergründen der Entwicklungsprozesse bzw. was Peer-Worker dazu bewegt, sich einzusetzen.

Eine empirische Untersuchung der Beweggründe von Peer-Workern erwies sich aus zwei Gründen als forschungsrelevant für Public Health. Erstens wurde der doppelte Effekt von Peer-Work bislang noch nicht als eigener Forschungsgegenstand untersucht. In der wissenschaftlichen Literatur werden die Entwicklungsprozesse von Peer-Workern als ein Nebenprodukt der Methode gehandelt (Campbell/MacPhail 2002). Zweitens könnten die Entwicklungsprozesse als ein Potenzial für Empowerment genutzt werden. Empowerment gehört zu den zentralen gesundheitsfördernden Handlungsstrategien und bedeutet, Personen darin zu befähigen, selbstbestimmt und selbstverantwortlich ihr Leben zu gestalten. Dazu ist das Vorhandensein von Ressourcen notwendig. Im Mittelpunkt steht deshalb die Frage danach, wie Ressourcen genutzt und gefördert werden können. Das *Multi-Level Construct* von Empowerment erklärt Ressourcenförderung als ein Zusammenspiel individueller, gemeinschaftlicher und struktureller Prozesse (Stark 1996). Vor dem Hintergrund dieses Konzeptes wurden am Beispiel der Aidsprävention im Setting von Sexarbeit in westafrikanischen Projekten die Forschungsfragen gestellt, welche Ressourcen durch die Aktivität als Peer-Worker gefördert werden und wie sich die Dynamik der Prozesse erklären lässt.

2 Methoden

Zur Untersuchung der Entwicklungsprozesse von Peer-Workern wurde sekundäres Datenmaterial aus der Studie für die *Initiative Ouest Africaine* verwendet (Wihofszky 1998). Das Material wurde auf einen aus elf Gruppendiskussionen bestehenden Datenpool begrenzt. Vier der elf Gruppendiskussionen mit Peer-Workern wurden für eine Analyse ausgewählt: die *Pair-Éducatrices* und *Éducatrices* aus Togo, die *Leader-Éduca-*

trices aus Côte d'Ivoire und die *Animatrices* aus Mali. Zu den Auswahlkriterien zählten die Qualität der sprachlichen Verständigung in der Diskussion, eine homogene soziale Struktur der Gruppe und die Gewährleistung einer ausreichenden Distanz als Forschende.

Die Gruppendiskussionen wurden nach der dokumentarischen Methode ausgewertet (Bohnsack et al. 2001). Mit dem zweistufigen Verfahren der formulierenden und reflektierenden Interpretation wurden handlungsleitende Orientierungen von Peer-Workern rekonstruiert. In der komparativen Analyse der Gruppen zeigte sich, wie sich die selbst eingeschätzte soziale Verortung als Peer-Worker und der Grad an Professionalisierung in der Aufgabe als Typiken für den Vergleich der Fälle herausschälten und den Ressourcengewinn von Peer-Workern beeinflussten. Entlang des Diskursverlaufes der Diskussionen wurden die Ergebnisse zu Fallanalysen aufbereitet und verdichtet. Davon ausgehend, ließen sich fünf kontextrelevante Ressourcentypen generieren und ihre Bedeutung für Peer-Worker herausarbeiten.

3 Ergebnisse

Aus den Fallanalysen der Gruppendiskussionen geht hervor, dass durch die Anwendung der Methode Peer-Work ein für Empowermenterfahrungen charakteristischer Ressourcengewinn in Gang gesetzt wird. Durch die Aufgabe in der Aidsprävention vergrößerten die Diskussionsteilnehmerinnen ihr individuelles Handlungspotenzial, das sie für sich und die Gruppe einsetzten. Beispiele sind Erfahrungen, wie Peer-Workern durch die Begegnung mit dem Projekt die „Augen geöffnet" wurden, sie begreifen konnten, dass Aids den bisherigen „Lauf der Welt aus den Angeln hebt" oder sie durch das Projekt gelernt haben, sich im Leben besser „durchzuschlagen". Aus der Empowermentperspektive sind die beschriebenen Erfahrungen der Peer-Worker als ein Zugewinn an Ressourcen zu bewerten. Fünf Typen an Ressourcen lassen sich dabei differenzieren und ihre Wechselwirkungen in Form einer Dynamik der drei Empowerment-Ebenen erläutern (vgl. Stark 1996).

3.1 Gesundheitsressourcen

Den Hauptanteil an Gesundheitsressourcen stellt der Zugang zu Gesundheitswissen dar. Wissen reduziert sich dabei nicht auf die bloßen pathogenetischen Kenntnisse von HIV/Aids, sondern schließt die Ebene des Verstehens komplexer Zusammenhänge und Folgen der Epidemie mit ein, wie z.B. die Gefahren sozialer Isolation. Der Zugang zu Gesundheitswissen wird als eine Überlebensressource im Zeitalter von Aids bewertet. Peer-Worker lernen mit den gesellschaftlichen Veränderungen umzugehen, Selbstverantwortung zu übernehmen und sich vor riskanten Praktiken zu schützen. Teilweise wurde von Peer-Workern der Gebrauch von Kondomen sogar als eine selbstverständliche Handlungspraxis im Alltag habitualisiert. Als weitere wichtige Gesundheitsressource benennen Peer-Worker den ihnen vorbehaltenen Zugang zur fachlich kompetenten und an ihrem Bedarf orientierten medizinischen Behandlung.

3.2 Ausbildungsressourcen

Die Teilnahme an der Peer-Worker-Ausbildung wird als eine persönliche Chance gesehen. Die Ausbildung fördert sowohl einen objektiv feststellbaren Wissenszuwachs als auch subjektiv wahrgenommene Veränderungen im Leben der Teilnehmerinnen, z.B. der Wunsch zu handeln, anstatt der Ohnmacht vor Aids zu erliegen. Ein weiterer Aspekt ist, dass die gemeinsame Ausbildung in der Gruppe zu einem neuen Erfahrungsraum neben der Sexarbeit wird und gemeinschaftliche Zusammenhänge positiv besetzt werden. Für manche Peer-Worker wird die Ausbildung zum Ausgangspunkt für eine identitäts- und sinnstiftende Neuorientierung im Leben.

3.3 Soziale Ressourcen

Als Peer-Worker in der Aidsprävention aktiv zu sein, hilft, soziale Netzwerke zu erweitern und zu stärken, z.B. sich akzeptiert und als Teil einer solidarischen Gruppe zu fühlen. Die Unterstützung, die Peer-Worker durch die Integration in die Organisationsstruktur eines

Projektes erfahren, stärkt ebenfalls soziale Ressourcen. Weitere soziale Ressourcen sind auch soziale Kompetenzen, wie z.B. Empathie und Frustrationstoleranz, die in der Aufgabe als Peer-Worker entwickelt werden. Eine Gruppe feilte z.b. ihre Vorgehensweise als Peer-Worker zu einer quasi-professionellen Handlungsanleitung im Zugang schwer erreichbarer Zielgruppen aus. Ebenfalls wird der Gewinn an gesellschaftlichem Ansehen als soziale Ressource bewertet, wenn z.b. die stigmatisierende Realität in der Sexarbeit durch das professionelle Selbstbild als Expertin der Aidsprävention ersetzt wird und eine retrospektive Neubewertung der Vergangenheit möglich wird.

3.4 Sozioökonomische Ressourcen

Der Gewinn an sozioökonomischen Ressourcen ist als dürftig zu bewerten, da es sich bei Peer-Work um ein ursprünglich ehrenamtliches Konzept handelt. Ein sozioökonomischer Ressourcengewinn kann sich als direkte Förderung, z.B. als Vergabe von Mikrokrediten, oder als indirekte Wirkung, z.B. als Zugang zu kostensubventionierten Kondomen und zu Gesundheitsversorgungsangeboten, zeigen.

3.5 Selbsthilferessourcen

Peer-Worker erleben in ihrer Aufgabe, wie Ideen für gemeinschaftliche Aktionen entstehen und sich umsetzen lassen, wenn z.B. aus Eigeninitiative Kondomregeln eingeführt und durchgesetzt werden. Dabei erleben Peer-Worker einen inneren Wandlungsprozess von der passiven Hilfsbedürftigen zur aktiven Helferin. Im Unterschied zu den anderen Ressourcentypen werden Selbsthilferessourcen nicht explizit extern angestoßen, sondern entstehen aus der Stärkung eigener Handlungspotenziale, die im Interesse der Gemeinschaft eingesetzt werden.

3.6 Dynamik des Ressourcengewinns

Auf der Grundlage des *Multi-Level Construct*, das Empowermenterfahrungen als ein Zusammenwirken individueller, gruppenbezogener und struktureller Prozesse versteht (Stark 1996), lässt sich die beschriebene Dynamik eines Ressourcengewinns generalisieren. In der Anfangszeit als Peer-Worker üben von außen angebotene Möglichkeiten, insbesondere Gesundheits- und Ausbildungsressourcen, eine wichtige motivations- und sinnstiftende Wirkung aus. Später zeigt sich auf der gruppenbezogenen Ebene, wie aus der individuellen Erfahrung kollektive Ideen und Handlungen entstehen, die nicht mehr eines externen Anstoßes bedürfen, sondern sich selbstorganisiert aus den sozialen Netzwerken der Gemeinschaft herausbilden. Auf der strukturellen Ebene sind die Rahmenbedingungen eines Projektes Einflussfaktoren, die sich auf die Situation und Position von Peer-Workern auswirken. Z.B. schafft eine gute finanzielle Ausstattung eines Projektes günstige Bedingungen, die zu einem Ressourcengewinn von Peer-Workern beitragen. Eine unzureichende Projektfinanzierung bedingt aber nicht zwangsläufig das Gegenteil. Nach den Fallanalysen zu urteilen, spielen sozioökonomische Ressourcen nur eine untergeordnete Rolle und Defizite können durch den Zugang zu nichtmateriellen Ressourcen zeitweise ausgeglichen werden.

4   Diskussion

Die Entwicklungsprozesse von Peer-Workern, die sich als eine Begleiterscheinung des bislang kaum erforschten doppelten Effektes der Methode Peer-Work einstellen, lassen sich durch die Ergebnisse der Fallanalysen empirisch nachvollziehen. Die Vorannahme bestätigte sich, dass Peer-Worker in ihrer Aufgabe persönlich wachsen und sich in ihrer ehrenamtlichen Aufgabe ungeplant professionalisieren (vgl. Nörber 2003; Kleiber/Appel 2001). Diese Entwicklungsprozesse ließen sich im Rahmen der Studie für einen selektiven Forschungskontext konkretisieren. Die qualitative Rekonstruktion der Erfahrungen von Peer-Workern führte zu neuen Erkenntnissen, die Aufschluss über die Beweggründe und Motivlagerungen von ehrenamtlich Tätigen geben. Es dokumentierte sich, dass Peer-Worker durch die Teilnahme an den Projektaktivitäten in der Aidsprävention zu einer Teilhabe an wichtigen Ressourcen in den Bereichen Gesundheit, Ausbildung, soziale Unterstützung und Kompetenzen, sozioökonomische Hilfen und Selbsthilfe gelangen. Inwieweit diese Ergebnisse auch für andere gesundheitsbezogene Settings relevant sein könnten, bedarf weiterführender Forschung.

Nach den Ergebnissen der Studie stellt der Gewinn an Ressourcen ein zentrales Handlungsmotiv für Peer-Worker dar. In der Dynamik der Ressourcenförderung zeigt sich, dass persönliche Ressourcen zunächst handlungsleitend im Mittelpunkt stehen, aber im Laufe der Tätigkeitszeit kollektive Potenziale für Selbsthilfeaktionen in der Gemeinschaft an Bedeutung gewinnen. Mit den Ergebnissen der Studie schließe ich mich den Schlussfolgerungen der Studien von Omoto und Snyder (1995) und Reeder et al. (2001) an, die im Bereich der ehrenamtlich Tätigen in der US-amerikanischen Aidshilfe feststellten, dass der Nutzen, der aus einer Tätigkeit gezogen werden kann, sich positiv auf die Motivation und ein nachhaltiges Engagement auswirkt. Dies bedeutet, je mehr persönliche Entwicklungschancen Peer-Workern eingeräumt wird, umso mehr steigert sich ihre Einsatzbereitschaft für die Ziele des Projektes und in letzter Konsequenz für die Gemeinschaft.

5 Ausblick und Handlungsempfehlungen

Nach den Ergebnissen der Studie sollten Projekte den Ressourcengewinn von Peer-Workern in der Praxis bewusst einplanen, initiieren und für ihren Erfolg nutzbar machen. Peer-Work könnte auf einer breiten Basis implementiert werden, um einem wachsenden Anteil der Zielgruppe Möglichkeiten der Weiterentwicklung und der aktiven Selbsthilfe anzubieten. In der Praxis würden die zunehmenden Entwicklungsprozesse von Peer-Workern auch konzeptionelle Fragen und Probleme für die Ansätze aufwerfen. Was passiert mit den Grundsätzen, dass Peer-Worker und ihre Zielgruppe sozial gleich sein müssen (vgl. Svenson 1998) und nur ehreamtlich tätig sein sollten (vgl. Parkin/McKeganey 2002)? Die Probleme, die in der Praxis auftauchen und sich stellen werden, würden es erfordern, alte Konzepte neu zu überdenken. M.E. würde darin auch ein Potenzial noch ungekannter Chancen liegen, deren Nutznießende nicht allein die teilhabenden Peer-Worker wären. Im Kontext von Entwicklungsländern könnte Peer-Work als Methode zur Lösung der personellen Krise im Gesundheitssektor verwendet werden und als eine Strategie zur Armutsbekämpfung zum Einsatz kommen. Die Möglichkeiten, die sich aus dem noch zu wenig wahrgenommenen doppelten Effekt der Methode Peer-Work ergeben, sind vielfältig und bedürfen einer größeren Publizität und breiten Diskussion auf der Entscheidungsebene.

Literatur

Bohnsack, Ralf/Nentwig-Gesemann, Iris/Nohl, Arnd-Michael (Hg.) (2001): Die dokumentarische Methode und ihre Forschungspraxis. Opladen: Leske + Budrich.

Campbell, Catherine/MacPhail, Catherine (2002): Peer Education, gender and the development of critical consciousness: participatory HIV prevention by South African youth. Social Science & Medicine. 55: 331-345.

Kleiber, Dieter/Appel, Elke (2001): Evaluation des Modellprojektes Peer Education im Auftrag der BZgA. Köln: BZgA.

Nörber, Martin (2003): Peer-Education – ein Bildungs- und Erziehungsangebot? In: Nörber, Martin (Hg.): Peer Education: Bildung und Erziehung von Gleichaltrigen durch Gleichaltrige, S. 79-93. Weinheim: Beltz.

Omoto, Allen M./Snyder, Mark (1995): Sustained Helping Without Obligation: Motivation, Longevity of Service, and Perceived Attitude Change Among AIDS Volunteers. Journal of Personality and Social Psychology. 1995, Vol. 68, No.4: 671-686.

Parkin, Steve/McKeganey, Neil (2000): The Rise and Rise of Peer Education Approaches. Drugs: education, prevention and policy. 7/3: 293-310.

Reeder, Glenn/McLane Davison, Denise/Gipson, Keshia L. et al. (2001): Identifying the Motivations of African American Volunteers Working to Prevent HIV/AIDS. AIDS Education and Prevention. 13/4: 343-354.

Stark, Wolfgang (1996): Empowerment: neue Handlungskompetenzen in der psychosozialen Praxis. Freiburg im Breisgau: Lambertus.

Svenson, Gary R. (1998): Europäischer Leitfaden zu Aids-Peer Education für Jugendliche. Malmö: Universität Lund: www.europeer.lu.se

UNAIDS (2002): Report on the global HIV/AIDS epidemic 2002. Geneva: Switzerland.

Wihofszky, Petra (1998): Les approches communautaires dans la prévention et la prise en charge du VIH/SIDA chez les prostituées dans la région de l'Afrique de l'Ouest. Rapport final, ONUSIDA/GTZ. (Unveröffentlicht)

Wihofszky, Petra (2000): Prevention and care projects for sex workers in West Africa: revealing hidden aspects of the peer workers' role. XIII International Aids Conference, Durban, South Africa, 9-14 July 2000. Abstract WePeD4800.

Biografien und Dissertationen der Autorinnen

Heike Brand studierte von 1995 bis 2000 Sozialpädagogik an der Fachhochschule Magdeburg und war in den Jahren 1998 bis 2006 Mitarbeiterin einer Einrichtung für Menschen mit Behinderungen. 2004 bis 2006 nahm sie am Aufbaustudiengang „Qualitative Bildungs- und Sozialforschung" der Otto-von-Guericke-Universität Magdeburg und der Martin-Luther-Universität Halle-Wittenberg am Graduiertenzentrum für Qualitative Bildungs- und Sozialforschung (GZBS) teil. Derzeit ist sie Doktorandin an der Otto-von-Guericke-Universität Magdeburg (Betreuer: Prof. Winfried Marotzki).

Erika Feldhaus-Plumin studierte Soziale Arbeit und promovierte im Rahmen des Alice-Salomon-Programmes in Public Health. Sie arbeitete als Schwangeren- und Schwangerschaftskonfliktberaterin, insbesondere auch mit Teenagerschwangeren sowie im Kontext von Pränataldiagnostik. Als psychologische Beraterin arbeitete sie in der Ehe- Paar- und Lebensberatung sowie in der Erziehungs- und Familienberatung. Seit 2006 hat sie den Lehrstuhl für Gesundheits- und Sozialwissenschaften im Studiengang Bachelor of Nursing an der Evangelischen Fachhochschule Berlin mit den Schwerpunktbereichen Gesundheitsförderung/Prävention, Kommunikation, Beratung und Ethik inne und leitet seit Herbst 2007 den Studiengang. Kontakt: feldhaus-plumin@evfh-berlin.de

Silke Brigitta Gahleitner studierte Soziale Arbeit und promovierte im Rahmen des Alice-Salomon-Stipendienprogrammes in Klinischer Psychologie. Sie arbeitete langjährig als Psychotherapeutin in eigener Praxis sowie in der sozialtherapeutischen Einrichtung für traumatisierte

Mädchen TWG Myrrha. Seit 2005 ist sie als Professorin für Klinische Psychologie und Sozialarbeit mit dem Schwerpunktbereich Psychotherapie und Beratung, qualitative Forschungsmethoden und Psychotraumatologie zunächst an der EFH Ludwigshafen, danach an der ASFH Berlin tätig. Kontakt: sb@gahleitner.net, www.gahleitner.net

Susanne Gerull ist Diplomsozialarbeiterin und promovierte nach 15-jähriger Berufspraxis in der Wohnungslosenhilfe im Rahmen des Alice-Salomon-Stipendienprogrammes am Otto-Suhr-Institut der Freien Universität Berlin. Nach 5-jähriger Selbstständigkeit in Lehre, Forschung und Beratung ist sie seit April 2008 Professorin für Theorie und Praxis Sozialer Arbeit mit den Schwerpunkten Armut, Wohnungslosigkeit, Arbeitslosigkeit und niedrigschwellige Sozialarbeit an der ASFH Berlin. Kontakt: mail@susannegerull.de/www.susannegerull.de

Chris Lange, im Erstberuf Sozialarbeiterin mit langjähriger Berufserfahrung v.a. in der offenen Sozialarbeit bei Wohlfahrtsverbänden, promovierte in Politikwissenschaften zur europäischen Integration und die Freie Wohlfahrtspflege. Sowohl in ihrer Tätigkeit als Sozialarbeiterin als auch in ehrenamtlicher Funktion war und ist sie aktiv im Bereich Gewalt gegen Frauen und Kinder. Derzeit ist sie Geschäftsführerin einer kinderärztlichen Nonprofit-Organisation sowie Koordinatorin an der ASFH. Sie ist involviert in ein europäisches Forschungsprojekt, das den Beitrag zivilgesellschaftlicher Organisationen zur Demokratisierung und zum sozialen Zusammenhalt thematisiert. Kontakt: chrislange@snafu.de

Nadja Lehmann ist Sozialarbeiterin und hat an der FU Berlin in Soziologie im Rahmen des Alice-Salomon-Stipendienprogramms promoviert. Sie hat das Interkulturelle Frauenhaus in Berlin mitgegründet und aufgebaut, und ist dort im Vorstand. Sie arbeitet als Supervisorin und freiberufliche Sozialwissenschaftlerin. Ihre Themenschwerpunkte sind Interkulturelle Arbeit, Diversity, Gender, Häusliche Gewalt, Kinderschutz, Elternbildung. Zurzeit koordiniert und konzipiert sie interkulturelle Elternbildungsprogramme und sozialtherapeutische Unterstützungsangebote für Kinder im Kontext häuslicher Gewalt. Kontakt: Nadja_Lehmann@t-online.de

Charlotte Oesterreich studierte nach langjähriger Tätigkeit als Erzieherin, Sozialpädagogik und promovierte im Rahmen des „Berliner Programms zur Förderung der Chancengleichheit für Frauen in Forschung und Lehre" der Alice-Salomon-Fachhochschule und der Humboldt-Universität Berlin im Fachbereich Erziehungswissenschaft. Überwiegend arbeitete sie in Kreuzberger Projekten und ist seit mehreren Jahren freiberuflich als Sozialpädagogin und Dozentin tätig.

Begoña Petuya Ituarte, lebt seit 1986 in Berlin. Studium der Sozialarbeit/Sozialpädagogik an der Staatlichen Fachhochschule für Sozialarbeit/Sozialpädagogik Berlin mit Abschluss als Diplom Sozialarbeiterin/Sozialpädagogin. Sie ist seit 1993 in einem Berliner Jugendamt als Mitarbeiterin im Fachbereich Hilfen zur Erziehung tätig. 2006 promovierte sie im Rahmen des Alice-Salomon-Stipendienprogrammes an der Freien Universität Berlin im Fachbereich Politik und Sozialwissenschaften.

Heike Radvan, Diplomsozialpädagogin, promoviert am Fachbereich Erziehungswissenschaften der FU Berlin zum Thema „Pädagogisches Handeln im Umgang mit Antisemitismus in Einrichtungen der offenen Jugendarbeit in Berlin", die Arbeit wurde gefördert durch das Stipendienprogramm der Alice-Salomon-Fachhochschule Berlin. Seit Februar 2002 arbeitet sie in der Amadeu Antonio Stiftung und ist hier verantwortlich für den operativen Stiftungsbereich zum Thema „Zivilgesellschaftliche Strategien im Umgang mit Antisemitismus". Seit 2007 ist sie als Lehrbeauftragte an der Alice Salomon Fachhochschule tätig. Kontakt: radvan@asfh-berlin.de

Stefanie Sauer studierte Sozialarbeit und Sozialpädagogik und promovierte im Rahmen des Stipendienprogramms der Alice-Salomon-Fachhochschule Berlin. Sie arbeitete langjährig im Jugendamt Neukölln. Seit 2007 ist sie als Beraterin im Pflegekinderdienst Süd A 3, als Lehrbeauftragte für Handlungsmethoden und Selbstreflexion in der Sozialen Arbeit sowie in der Fort- und Weiterbildung für Pflegeeltern und Fachkräfte im Pflegekinderwesen tätig. Kontakt: stefanie_sauer@web.de

Lydia Schambach-Hardtke, Dr. phil., studierte Sozialarbeit und Sozialpädagogik an der Alice-Salomon-Fachhochschule (ASFH), promovierte an der Freien Universität Berlin (FB Politik und Sozialwissenschaften). Sie arbeitet freiberuflich in Lehre und Beratung, ist als Lehrbeauftragte an der Fachhochschule für Verwaltung und Rechtspflege (FHVR) sowie an der ASFH tätig. In ihrer ehrenamtlichen Funktion bei der Gewerkschaft (ver.di) interessiert sie insbesondere der Bereich Genderpolitik. Kontakt: Lydia.Hardtke@t-online.de

Claudia Streblow, Dr. phil., Studium der Sozialen Arbeit an der EFB, Promotion am FB Erziehungswissenschaft der FU Berlin. Nach der Promotion im Jahr 2004: Deutsche Kinder- und Jugendstiftung: Aufbau und Implementation einer Fachstelle für Evaluation, Qualitätsentwicklung/Programmleitung, seit Sept. 2007 wiss. Mitarbeiterin an der Fak. für Geistes- und Sozialwissenschaften, Allgem. Erziehungswissenschaft, Helmut-Schmidt-Universität/Universität der Bundeswehr Hamburg. Forschungsschwerpunkte: Qualitative Evaluationsforschung, Rekonstruktive Sozialpädagogik, Koop. Jugendhilfe–Schule. Kontakt: streblow@hsu-hh.de, www.hsu-hh.de/systpaed

Talibe Süzen studierte Soziale Arbeit und promovierte im Rahmen des Alice-Salomon-Stipendienprogrammes an der Freien Universität Berlin im Fachbereich Sozialwissenschaften. Sie arbeitete langjährig an unterschiedlichen Arbeitsfeldern der interkulturellen Sozialen Arbeit. Seit 2003 ist sie als Referentin für interkulturelle Kinder- und Jugendhilfe mit dem Schwerpunktbereich „Interkulturelle Öffnung der Sozialen Dienste" beim Bundesverband der Arbeiterwohlfahrt (AWO) tätig. Kontakt: Talibesuezen@web.de

Carla Wesselmann studierte 1983-87 an der FHSS Berlin und arbeitete über 16 Jahre als Sozialarbeiterin in der Wohnungslosenhilfe sowie in der Gemeindepsychiatrie. Parallel war sie als Referentin in der (internationalen) Erwachsenbildung tätig. Unterstützt durch das Alice-Salomon-Stipendiumprogrammes steht sie unmittelbar vor dem Abschluss Ihrer Promotion in Soziologie. Ab dem Sommersemester 2008 führt sie an der ASFH Lehrveranstaltungen im Modul Qualitativ-rekonstruktive Ansätze in der Sozialen Arbeit durch.

Petra Wihofszky studierte Sozialpädagogik und Soziale Arbeit in Berlin. Nach vierjähriger Berufstätigkeit im Bereich der Aidsprävention in der Côte d'Ivoire und verschiedenen Consultancies für UNAIDS und die Deutsche Gesellschaft für Technische Zusammenarbeit in den Ländern Mali, Senegal, Togo und Tschad promovierte sie im Fach Gesundheitswissenschaften/Public Health an der Technischen Universität in Berlin. 2005 wurde sie an der Charité in Berlin tätig, zuletzt als Wissenschaftliche Mitarbeiterin im Masterstudiengang International Health am Institut für Tropenmedizin. Als Gastdozentin für das Erasmus Mundus Programm kooperierte sie im Rahmen ihrer Tätigkeit mit der University of Cape Town in Südafrika. Kontakt: petra.wihofszky@web.de

Dissertationstitel

Feldhaus-Plumin, Erika (2005): Versorgung und Beratung zu Pränataldiagnostik - Konsequenzen für die psychosoziale und interdisziplinäre Beratungsarbeit. Göttingen: Vandenhoeck & Ruprecht.

Gahleitner, S. B. (2005): Sexuelle Gewalt und Geschlecht. Hilfen zur Traumabewältigung bei Frauen und Männern. Gießen: Psychosozialverlag.

Gerull, Susanne (2003); Behördliche Maßnahmen bei drohendem Wohnungsverlust durch Mietschulden. Berlin: KBW Fachbuchverlag.

Lange, Chris (2001): Freie Wohlfahrtspflege und europäische Integration. Zwischen Marktangleichung und sozialer Verantwortung. Frankfurt a.M.: Eigenverlag des Deutschen Vereins für öffentliche und private Fürsorge.

Lehmann, Nadja (2008) (i. Ersch.): Migrantinnen im Frauenhaus. Biographische Perspektiven auf Gewalterfahrungen. Reihe: Rekonstruktive Forschung in der Sozialen Arbeit. Opladen: Budrich UniPress.

Oesterreich, Charlotte (2008): Die Situationen in den Flüchtlingseinrichtungen für DDR-Zuwanderer in den 1950er und 1960er Jahren. Die aus der Mau-Mau-Siedlung. Hamburg: Verlag Dr. Covac.

Petuya Ituarte, Begoña (2007): Handlungsstrategien geschiedener Migrantinnen – Am Beispiel von Lebensgeschichten migrierter Spanierinnen in der Bundesrepublik Deutschland. Frankfurt a.M./London: IKO – Verlag für Interkulturelle Kommunikation.

Sauer, Stefanie (2008): Die Zusammenarbeit von Pflegefamilie und Herkunftsfamilie in dauerhaften Pflegeverhältnissen – Widersprüche und Bewältigungsstrategien doppelter Elternschaft. Opladen: Verlag Barbara Budrich.

Schambach-Hardtke, Lydia (2005): Gender und Gewerkschaften. Der Kampf von Frauen um politische Partizipation im organisationalen Wandel. Opladen: Verlag Barbara Budrich.

Streblow, Claudia (2005): Schulsozialarbeit und Lebenswelten Jugendlicher. Ein Beitrag zur dokumentarischen Evaluationsforschung. Opladen: Verlag Barbara Budrich.

Süzen, Talibe (2003): Scheidungsverhalten türkischer Migrantinnen der zweiten Generation in der Bundesrepublik Deutschland – Die subjektiven Ursachen und Folgen der Scheidung. Berlin/Bern/Bruxelles/New York/Oxford/Wien: Verlag Peter Lang.

Wihofszky, Petra (2005): Chancen für Empowerment in der Aidsprävention: Empirische Fallanalysen weiblicher Peer-Worker in Westafrika. Veröffentlichung: Online unter
http://opus.kobv.de/tuberlin/volltexte/2005/1115/

Brand, Heike: der Titel der Dissertation steht noch nicht fest, es handelt sich jedoch um „individuelle Professionalisierungsprozesse in der Sozialen Arbeit".

Radvan, Heike: Arbeitstitel der Dissertation: Pädagogisches Handeln in Einrichtungen der offenen Jugendarbeit im Umgang mit Antisemitismus.

Die neue Reihe:
Rekonstruktive Forschung in der Sozialen Arbeit
herausgegeben von
Wolfram Fischer, Cornelia Giebeler, Martina Goblirsch, Ingrid Miethe, Gerhard Riemann

Band 1:
Cornelia Giebeler • Wolfram Fischer •
Martina Goblirsch • Ingried Miethe •
Gerhard Riemann (Hrsg.)
Fallverstehen und Fallstudien
Interdisziplinäre Beiträge zur rekonstruktiven
Sozialarbeitsforschung
2007. 238 S. Kt. 24,90 € (D), 25,60 € (A)
ISBN 978-3-86649-013-0
Das Buch untersucht, wie die Methoden qualitativer
Forschung in der sozialen Arbeit hilfreich sein kön-
nen.

Band 3:
Jutta Müller: Coaching, Biografie und Interaktion
Eine qualitative Studie zum Coach in Ausbildung
2006. 236 S. Kt. 26,00 € (D), 26,80 € (A) ISBN 978-3-86649-063-5
Im Zentrum des Buches steht die fallrekonstruktive Erforschung des Zusammen-
hangs zwischen Biografie und Interaktion am Beispiel einer spezifischen, professionellen Kommunikationssituation, dem Coaching, als einem sich interaktiv voll-
ziehenden Beratungsprozesses. Innovativ ist die methodische Kombination von
Biografieanalyse und Interaktionsanalyse.

In Ihrer Buchhandlung oder direkt bei

Verlag Barbara Budrich
Barbara Budrich Publishers

Stauffenbergstr. 7. D-51379 Leverkusen Opladen
Tel +49 (0)2171.344.594 • Fax +49 (0)2171.344.693 • info@budrich-verlag.de

US-office: 28347 Ridgebrook • Farmington Hills, MI 48334 • USA •
info@barbara-budrich.net

www.budrich-verlag.de • www.barbara-budrich.net

Erziehungswissenschaft – neue Titel

Kristin Heinze
Zwischen Wissenschaft und Profession
Das Wissen über den Begriff „Verbesserung" im
Diskurs der pädagogischen Fachlexikographie vom
Ende des 18. bis zur Mitte des 19. Jahrhunderts
2008. Ca. 360 Seite. Kart. Ca. 36,00 € (D),
37,10 € (A), 61,00 SFr
ISBN 978-3-940755-05-6

Christiane Maier Reinhard & Daniel Wrana (Hrsg.)
Autonomie und Struktur in Selbstlernarchitekturen
Empirische Untersuchung zur Dynamik von
Selbstlernprozessen
Beiträge der Schweizer Bildungsforschung, Band 1
Frühjahr 2008. Ca. 290 Seiten. Kart. Ca. 29,00 € (D),
29,90 € (A), 49,90 SFr
ISBN 978-3-940755-06-3

Caroline Roth-Ebner
Identitäten aus der Starfabrik
Jugendliche Aneignung der crossmedialen
Inszenierung ‚Starmania'
2008. Ca. 300 Seiten. Kart. Ca. 29,00 € (D),
29,90 € (A), 49,90 SFr
ISBN 978-3-940755-10-0

In Ihrer Buchhandlung oder direkt bei
Budrich UniPress Ltd.

Budrich UniPress Ltd. – Stauffenbergstr. 7 – D-51379 Leverkusen-Opladen – Germany
ph +49.2171.344.694 – fx +49.2171.344.693 –
buch@budrich-unipress.de – www.budrich-unipress.de
Budrich UniPress Ltd. – Uschi Golden – 28347 Ridgebrook – Farmington Hills – MI 48334, USA
ph +1 (0)248.488.9153 – book@budrich-unipress.com – www.budrich-unipress.com